1份工作11種視野

改變你未來命運的絕對工作術

褚士瑩——著

接受自己的平凡
創造喜歡的工作

褚士瑩×楊筱薇×張良伊

1份工作11種視野
特別企劃．核心對談

編按：這是一場關於工作與夢想與未來的對談，三位作者：褚士瑩、楊筱薇、張良伊，他們有共同點是以NGO工作為價值核心，他們也有不同點是從價值核心中發展獨一無二的「自己」。褚士瑩說要先準備好，才有資格提問；楊筱薇舉蘇格拉底的話，改變的祕訣，不是多麼努力地和過去爭鬥，而是全力以赴地去打造全新的自己；張良伊說要崩壞固有想法的高牆，才能讓視野越來越寬廣。期待這場對談能夠帶給你不同的思考方式，在工作與人生追求中，助你一臂之力。

作家。國際 NGO 工作者。

擔任美國華盛頓特區國際金融組織的專門監察機構 BIC（銀行信息中心）的緬甸聯絡人，協助訓練、整合緬甸國內外的公民組織，包括各級 NGO 組織、少數民族、武裝部隊、流亡團體等，有效監督世界銀行（The World Bank Group）、亞洲開發銀行（ADB）及世界貨幣組織（IMF）在缺席二十多年後重回改革中的緬甸，所有的貸款及發展計畫都能符合財務正義、環境正義，以及其他評量標準，為未來其他各項金融投資進入緬甸投資鋪路。

攝影｜黃建賓

作家。英文老師。

全球使用英文的 132 個城市中，她走過 16 個城市；待過 5 個國家念書；曾經錯過飛機 3 次，遇到 5、6 次罷工，受恐怖組織威脅 7、8 次。2010 年紐約時報最佳英文老師，她是第一位獲得此項獎項的華人。目前回到台灣研究永續的教育經營模式，致力於社會企業教育推廣。透過語言學習結合產業技術和在職教育，以技職教育領域為基礎，開啟傳承教育的國際交流。大田出版《當自己最棒的英文老師》《環遊世界的英語課》。

目前擔任國際環保組織 350.org 東北亞協調員。

學生期間於歐洲生活一年中發現氣候變遷議題的重要，加入 3 個國際 NGO（國際青年 NGO-YOUNGO、2041 國際南極團隊、350.org）、參與 4 次聯合國氣候變遷大會（含 2009 哥本哈根大會），至今遊走世界 30 多個國家，曾遠至南太平洋島國——薩摩亞，見證海平面上升的事實；至南極觀察記錄氣候變遷冰層融化的事實；至墨西哥坎昆會議期間擔任青年氣候變遷亞洲區主席，推動亞洲青年宣言；回台串起台灣青年創辦台灣青年氣候聯盟、與夥伴建立「旅遊＋環保」為旨的咖啡店。2012 年獲選為聯合國氣候變遷非官方南半球青年聯絡人、2013 年成為台灣第一人加入 2041 南極探險計畫，預計 2015 年與大田合作出版《南極的力量》。

崩壞固有高牆
或是每天微調一點自我想法

1 請問三位對「視野」的看法？

褚士瑩　「視野」應該是一種用哲學的觀點，學習看待事情本質到底是什麼的邏輯思考方法。比如哲學家Oscar Brenifier（奧斯卡．伯尼菲）就寫了一套給小朋友看的哲學書，我覺得很有意思，書名都是《幸福，是什麼呢？》《自由，是什麼呢？》《我，是什麼呢？》《好與壞，是什麼呢？》《團體生活，是什麼呢？》等等。簡單地說，這是一本寫給成年人去思考「工作，是什麼呢？」這個問題的書。藉由思考工作不同的面向帶來不同的邏輯思維，我認為這就是工作的視野。

楊筱薇　高職畢業之後，發現自己沒有謀生技能，便選擇學習攝影，「視野」這個詞是在學攝影時意會到的。相機裡是透過視窗來捕捉影像，傳達我的視野。攝影是一個很難賴以維生的技術，但是語言是我另一個技能。二十一歲時按下快門的我，變身為攝影助理，到冰島採訪了歐洲第一位女總統，當下我既膽怯也感受到自己的渺小，當時看到的只是一份要完成的工作。而現在當我看到因為我的技能可以帶領我到任何地方，這讓我視窗裡看到的是又寬又廣又遠又深的境界。

張良伊　「視野」是自己想對世界、對社會認識的寬廣度和多元度。不少人說：「出國、工作會打開視野。」但我不完全苟同。開拓視野確實是跨越舒適圈的一種目的，但也端看出國型態、工作環境、個人習慣等等而定，並非短時間出國兩、三次搭飛機，或一週學兩、三次外文就可以達到。出國留學但活在自己世界的也是大有人在。要開拓視野就必須崩壞一些自己原有的想法高牆，而往往當我們學歷越高、年紀越大，這「固有想法的高牆」也就越高。希望台灣工作夥伴的視野能越來越廣、而非越來越高。

楊筱薇　我理解士瑩提到透過邏輯思考可以開發視野。邏輯思考是迂迴的，是有步驟的，是前進式的，我認為是架設思考鷹架。邏輯思考是動詞，是輔助營建你要蓋的標的物，不論是態度、方向或是一份工作都可以是標的。那時從開始到結束冰島的工作是以我二十一歲的價值觀、專業技術、經驗，和對我自己的觀察為骨架，所搭建的思考鷹架來規畫我的標的。良伊提到：「要開拓視野就必須崩壞一些自己原有的想法高牆。」每天我自問自答的問題，就是給思考骨架排序整合，如果常這樣練，就不需要像良伊這樣壯烈地「崩壞」，微調就可以！我很好奇士瑩跟良伊有沒有對自己常問的問題？

褚士瑩　（笑）有啊！我常常在一天的工作結束以後，問自己今天有沒有學到新東西。如果答案是YES，我就知道可以繼續走下去；如果答案是NO，那就要檢討。我覺得這跟筱薇那樣每天「微調」一下的想法很像。但是有時候整個外在環境起了劇變，像是地球暖化、網路科技泡沫化、天災人禍等，這種時候光靠微調可能到不了遠方，那就要像良伊那樣打掉重練。不過就像重組樂高積木一樣，「態度」「效率」「人際關係」等等這些工作中的基本元素是不會變的。

張良伊　筱薇提到的都是很好的方式，要找到「自己的視野」其實有很多種，我提到的也只是我個人的方式和經驗。立場與想法是相對的，每天我面對不同的課題，其實不太有常問的問題，反而總期待自己能發現「更好(Better)」的問題，期待自己能不斷突破「原有的視野」。

想要看得更高 就要找下一個標竿

2

對現在年輕人來說「追求夢想」好像必須要拋棄一切才酷，褚士瑩的新書中提到，「找到對的工作，比有沒有夢想還重要」，請問三位對工作與夢想的連結是什麼？

楊筱薇　夢想就是一份工作，如果夢想這份工作沒做好，很可能離找到對的工作更遠。一個十六歲文盲的孩子走入我的生命，他的眼界就是他賴以餬口的那條街，認識他之後的每一天都是夢想著有一天他可以離開那條街。

我們每天都作夢想著這份工作，工作內容從找到其他有相似背景的人作為同事、準時上下課到找錢生活，都是職責。一年後他考過高中同等學歷，兩年後他在非營利機構工作，在紐約協助那些在生命裡迷路的青少年。我從他的經驗裡體會到，我每天都有兩份工作的職責，一是無形無薪的夢想職責，二是有形有薪的夢想實踐工作。

褚士瑩　其實我一直都覺得兩者不衝突啊！日本有一家網路公司，就是因為從老闆到櫃檯都有副業，老闆也大力推廣這種一主業一副業的形式而上了很多媒體採訪。我在華盛頓的倡議組織工作，發現大家也是這樣。比如說在曼谷辦公室的會計總務小姐，表面上是一份低階的瑣事，但是這份單調的工作，支持她成立了一個推廣有機農業的基金會，自己也是有機稻米的女農。塩見直紀說的「半農半×」生活完全實踐化。

Google雇用員工時沒有大學名校的迷思，因為頂尖的學生在職場缺乏所謂的「知的謙虛」（intellectual humility），總覺得自己的想法是最棒的。但普通學校出來的畢業生，當別人的想法比自己好的時候，會願意放棄自己的點子，全力加入那個好的計畫，因此是更好的員工。如果盲目堅持自己的夢想是最棒的，因此失去「知的謙虛」，無法體認其實別人可能有更值得追求的夢想，就會失去了加入追尋比自己更好的夢想的行列。

張良伊　夢想中的工作是可以連結的，它們並不盡是天平的兩端。追求夢想不必放棄一切。如何「確定」自己的夢想、也確定自己夢想的「可行性」程度，「創造」自己能力的工作價值會是達到追求夢想工作的平衡練習。俗語說：「No Sacrifice; No Victory.」我總期待有更多追求「夢想工作」的夥伴，而夢想工作的定義並不是因為工作而想出了個夢想，也不是累加在犧牲別人夢想的代價上，是「在夢想中工作」，這樣的快樂與愉悅會是一般工作的千萬倍。

楊筱薇　士瑩你提到「知的謙虛」，我想到的「知的傲慢」則是目中無人的。

十四歲的Sidi走進我的辦公室，滔滔不絕地講他的理想抱負，想要在一年內，以資優生的資格進紐約最好的大學。他在美國的叔叔是老師，一直經濟資助遠在馬利共合國的Sidi一家人，在國內Sidi上最好的私立學校，到了美國，每個人都想要給他最好的，Sidi就是活在士瑩提到的「我最棒」的自我裡。同班的Jie，十六歲來紐約，父母為了要給他最好的，都在外地打工，學校裡的聯絡信等文件，都交給我看，他的成績單我從C看到他開始拿A時，他就不再需要我翻譯了。Jie的周圍總是有同學圍繞著，才知道他也幫同學補習功課。當知識被視為「私有財產」時，人是孤獨的。Sidi在教室裡是孤單的。有天Sidi拿來數學題要我幫忙，我請他去問Jie可不可以協助，他嘴裡嘟噥著：「這是高級數學，他懂嗎？」十分鐘之後Sidi對Jie佩服至極，知識在Sidi眼裡是拿來崇拜的。那天後Jie把Sidi小弟帶在身邊，一起輔導同學的作業，教室裡坐滿了一起「共有知識」的學生。良伊提到與志同道合的夥伴共事所享有的愉悅，我想到Sidi的大笑臉。士瑩你認不認同，如果沒有傲慢的環境，是不是謙虛就不用提倡了？

褚士瑩　人的聰明才智肯定有先天的高下，但學習「人際關係」的社會化過程沒有捷徑，因此我覺得能在工作上找到一個mentor超級重要。這個人不只是專門技術上的業師，也是未來想要成為的人的標竿。如果Sidi在組織中能看到這樣的一個人，相信就會有所改變。在這個例子裡，長他兩歲的Jie就成了Sidi在這個階段的業師，但成長到一個階段以後，想要看得更高，就要再找下一個標竿。如果能夠讓人不斷在工作組織裡面找到下一個階段的榜樣，就能夠留住好的人才，大家一起成長。

正副業就像甜甜的芒果冰沙再加一點酸檸檬

3 三位都是國際經驗豐富的工作者，也在全世界各地走透透，成為現在的你，最重要的契機是什麼？

張良伊　我總是期許自己保持「還在學習」的階段。現在回頭看自己，我很慶幸在學生時期不斷突破自己的視野，認識社會議題、嘗試不同領域、創造給自己的機會等；因為這麼一來，節省了很多「尋找自己的成本」。相較於已經步入社會再探尋自己的夥伴，我其實已經省去了相對多的時間，而也能趕緊再學習，累積不同的經驗，創造下一個可能。尤其以國際經驗來說，總是需要相對長時間的培養，而要累積經驗就必須不輕言中途放棄。

楊筱薇　「契機」這個意思就是機會發生在最合適的時間。我的經驗裡常是，天不時地不利人不和，當下做了一個適合的決定後，突然就發現我在世界不同的角落出現。所以要把離開及割捨作為契機。

褚士瑩　其中一個具體的方法，就是找到搭配起來最美味的「正業」與「副業」，就像我覺得甜膩膩的芒果冰沙要加適當比例的酸檸檬汁那樣。（笑）原本我在企業工作時，總覺得主業的收入當然要比較高，副業的收入比較低。所以任何負責的成年人都需要有一份收入優渥的「正業」，才有餘力可以去追求夢想；夢想如果略有收入，勉強能當作「副業」，萬一夢想不能帶來收入的話，就只能作為「興趣」。但是有一天我突然發現，原來主副業的區分，不是以收入高低來決定，而是占自己心中的比重主觀認定，所以我當然可以有一份收入微薄、甚至倒貼的主業，同時用無關緊要的副業養活自己的肉體跟夢想時，我瞬間就自由了。

楊筱薇　良伊，我覺得契機的創造是奢侈投資下產生的機緣，你到目前為止投資最多在「創造下一個可能」的是什麼？士瑩，你提到夢想主業跟肉體副業，區分兩者，衡量的「認定」要素是什麼？

張良伊　一九一二年第一個抵達南極的探險家，羅爾德・亞孟森（Roald Amundsen）說過：「勝利是留給凡事都準備好的人，但一般人都以為只是運氣好。」每個經驗會是改變自己的契機，但不是每個人都會把契機視為自己可以努力面對「下一個可能」也就是面對「未來」的機會，我的想法和彼得提爾（Peter Thiel）在他書中，提到未來和機會的關係相近些，我們不是被未知機率決定的命運彩券，因此盡力掌握自己最大努力的契機對我來說是重要的，也是目前我還想多投資自己在更多更廣的技能學習的原因之一。

褚士瑩　就是一個芒果冰沙要加酸檸檬汁的概念。（笑）我最近時常在演講分享的時候舉日本美食評論家來栖桂用「減法料理」理念製作果醬作為例子。她來台灣的時候做過一種「綠豆茉莉花茶抹醬」，綠豆熬煮後味道其實很單調，但是加入台灣的茉莉花茶，以單寧的苦味調和，還有花茶的清香，兩個平凡無奇的東西合體就變成絕妙組合。綠豆像是主業，茉莉花茶是副業，硬要分開看是看不出妙處的，但是巧妙地結合就會像火箭裡的火藥接觸後那樣一飛沖天。

4 每天問自己，今天又學到了什麼？

楊筱薇常說自己教英文，不如說自己教的是終身學習，請問三位目前正在學習的是什麼？

楊筱薇　我在學習成為生命的調音師，我在學習的生命樂器有：一、成為大機器裡的小螺絲釘，透過參與有教無類的網路大學課程設計及教學，與跨國聯合的教育工作者共同找出教育的生命旋律。二、街頭藝人入門班，把街頭的景致、空氣、陽光、水、鄰居的對話等，作成人生的學習教材，或許沒有悅耳的旋律，但是可以學習找出發人深省的必修課。

褚士瑩　每個月問我這個問題，我的答案可能都不一樣吧？（笑）當我的壓力帶來肩頸痠痛時，我就開始學著休息；當我發現自己因為目擊太多悲傷與貧窮，明明吃飽了卻無法丟棄一口吃剩的飯時，我就開始學習如何享樂跟斷捨離。這樣說來，我隨時學著怎麼當一個均衡的人。

除此之外，我對於任何的手作都相當著迷，所以只要在日本看到有人用手工煮蠶繭抽絲，或是在緬甸看到用荷花絲捻線，我都會有拋下一切去拜師學藝的衝動。我也時常想，如果哪一天真的想不出來下一步要做什麼的時候，我就要去羅德島州一位藝術家朋友的陶窯那裡當學徒。

張良伊　現在這個階段我正學著「看見」更多社會需要。

希望培養自己更多能力，以解決更多社會的問題。我們知道世界上有許多要解決的問題，而創造一個夢想可以解決一些問題。但會需要夥伴的幫忙，或很多人來支持這個夢想。不過並不是構築在他人的夢想成本上，我希望自己能更有效果地創造社會價值，不會拖累其他人的時間成本。

楊筱薇 士瑩想不想學紡紗？我在祕魯學了點，一起學更有趣！

褚士瑩 也太巧！我剛好在看一篇中國學者在德國Angewandte化學雜誌上發表的論文，說明如何將荷花纖維塗抹聚乙烯醇變成一種超高韌度的絲線。因為我這兩年一直在思索如何用高科技幫助緬甸茵萊湖畔，世世代代靠荷花紡紗傳統生活的農民，除了技術落後，近年來他們受到全球氣候變遷還有化學汙染所苦。說不定找到答案以後，未來有一天我們三個可以各司所長，來組個社會企業。（笑）

如果緊緊抓著門把，哪兒也去不了！

5 很多人會問人生到底有幾次機會？對你們來說，「機會」是什麼？

褚士瑩 或許是在緬甸從事農業計畫的那十年，讓我跟土地建立了很深的關係，我開始學習用農人的角度來看人生。比如一個農夫若從二十歲成年開始，一直耕作到六十歲退休，其實不過就是四十個寒暑。面對同樣的一塊土地，每一年都要從頭開始，前一年無論是豐收或歉收，都無法用來預測接下來這一年的結果，所以嚴格說來，一個農人一輩子，擁有的也不過是四十次無法回頭的機會。我也相信，每個人其實都是農夫，只是不見得耕種的都是土地，有可能是用四十個寒暑來耕耘某個專業，或是豐富自己的人生。人生無論好壞，透過成年後到退休這段工作的期間，每個人都該有四十個機會。

楊筱薇　對於機會這個詞，我專注在機會不是什麼。機會不是句點，機會不是被動地接受現實狀態，機會不是對事情視而不見，機會不是拿運氣不好當藉口，機會不是對事情執著地凝視，而是換個角度看它，給自己回眸一笑的生機。

張良伊　機會可以是正面或負面，端看你怎麼想。像屋簷滴下的水滴，可以是陰天降下的雨水給予人們許多無奈，但也可以是清晨陽光灑落在屋頂盆栽葉上的晨露。它是「自己認定的未知」，當你想抓緊、想把握了，那麼同時你也貼上了第一個正面的標籤。對我來說，更重要的是在看見機會後，要給予自己「持續緊抓」機會的力量：「堅持」。

楊筱薇　容，為了圓她來美國念書的夢，從十五歲起做全職工，上全天的學校。幾年前協助她選大學志願，她一直開心地笑說：「終於可以出人頭地了。」有天容來找我，我都認不出她來，憔悴的她說要放棄念書了。我讓她把教室門關上，再請她打開。我提醒她，我們只是暫時關上可以再次打開的門罷了！緊緊抓著門把，哪兒也去不了。我認為堅持不是抓得緊緊的，而是堅持有那扇門。危機、轉機、良機都是機會，良伊你如何處理你提到的「無奈」？

張良伊　今年自己很幸運認識了「安靜」的力量。Kai，一位日本朋友中途放棄了東大博士班，在加入反核社會運動的途中，他找到了「靜坐」的新溝通方式，這種方式能讓日美混血的他在東京傳統社會裡，有一片屬於自己的安靜樸實空間。而剛好我也因前輩介紹認識讓自己「安靜」的方式，可以讓自己好好思考許多無奈的情況並調整克服。

6 因為前一個夢想都孕育下一個夢想

在目前的工作中，最大的成就感在哪裡？

楊筱薇　成就感是動能的來源，也是下一個成就的開端。當我細看掌上的事業線、感情線、生命線時，每個小皺紋就讓我聯想到我經營的每一個階段，連結到下個事件，那些階段性的成就，就是命中注定的事。當我緊握手掌裡的線時，成就感就成為存在感，對未來就會有踏實感。

褚士瑩　或許說來很難理解，但我最享受目前工作的部分，其實是「我的平凡」。雖然我在緬甸對公民團體做的訓練工作，對於緬甸重新接軌國際社會很重要，這份工作一定要有人做，但絕不是非我不可。達賴喇嘛說過一段很有意思的話：「這個世界並不需要更多成功的人，但是迫切需要各式各樣能夠帶來和平的人，能夠療癒的人，能夠修復的人，會說故事的人，還有懂愛的人。」其實如果我們都能如此誠實地面對自己的平凡，接受平凡的自己，就能夠為自己創造喜歡的工作，甚至喜歡的人生，就會變成這個世界真正迫切需要的人。我期許自己也是這其中的一個。

張良伊　「夢想與工作結合」是我現在目前工作的狀態。和一群世界各地的社會改革家發想著自己、大家要怎麼能夠改變世界。給予我最大成就感的來源，是和我一起擁有「改變世界夢想」的工作夥伴，因為他們會不斷地給予我各種激勵人心的能量故事。像是澳洲的倡議行動成功推展了多少、歐洲的教會又決定撤資多少化石燃料投資等，補足這份成就感的驅動力是「下一個夢想」。因為每個夢想都孕育著下一個夢想，就和每個階段的成就感也會因為狀態而變化一樣。

楊筱薇　我的工作及態度是以成就別人為成就，良伊提及與工作夥伴實踐夢想，士瑩提到平凡的成就，在工作中兩位有成就別人的體驗嗎？

褚士瑩　我提醒自己每天都要藉著工作，為別人做一些他們想要、需要，但是自己做不到的事。因為我覺得自己一點個人成就都沒有，如果自己這麼沒用，又不能成就別人、幫助別人，那不是太沮喪了嗎？

工作其實不是工作，而是學過生活！

7 在目前的工作項目中，你們最想給讀者的建議是什麼？

褚士瑩 真正能夠改變人生的，既不是奇遇也不是奇觀，而是將單調的事情反覆做到最好的持續力。如果我們意識到這一點，那麼就會得到全新的視野，日復一日的工作、與一成不變的日常生活，也會變成滋養生命養分的泉源。正如日文中有一個說法：「普通こそ、最大の美德である。」確實有時候「普通」，才是最大的美德。說穿了，我們工作時其實大多不在是工作，也不是在追求刺激，而是學過生活。學會美好的工作態度，當然也就能找到享用人生的視野。

張良伊 國際合作的任務沒有想像中的簡單，有不同語系的語言、相異的歷史文化、因地而異的工作習慣，而要怎麼樣有清楚的溝通能力、明辨的決斷能力、彈性的調適能力、寬廣的合作能力以及不斷進步的驅動力等，都是我目前在國際組織工作的挑戰。還記得數個月前，碰到在國際組織工作二十年的夥伴，她說：「準備好變動的自己是必須的，因為地球無時無刻不在轉動。」我想，把自己準備好還遠遠不夠，更要讓自己符合世界的需要。

楊筱薇 工作這詞在英文裡有Work跟Job的不同。Work：從事體力或腦力勞動；Job：一個被支付的任務、使命或是在社會中所擔任的職務。從我在工作的體驗裡，我給工作定下不同的解釋：一、是創造出來的。二、是訂製出來的。三、不止一個。四、以有形無形的價值支付。給自己下個工作的新定義，從現在起讓自己對工作改觀。蘇格拉底是最會提問題的人生導師，同時他對人生也給了我很正面的啟示。「改變的祕訣，不是多麼努力地和過去爭鬥，而是全力以赴地去打造全新的自己。」（Don't fight the old, build the new!）

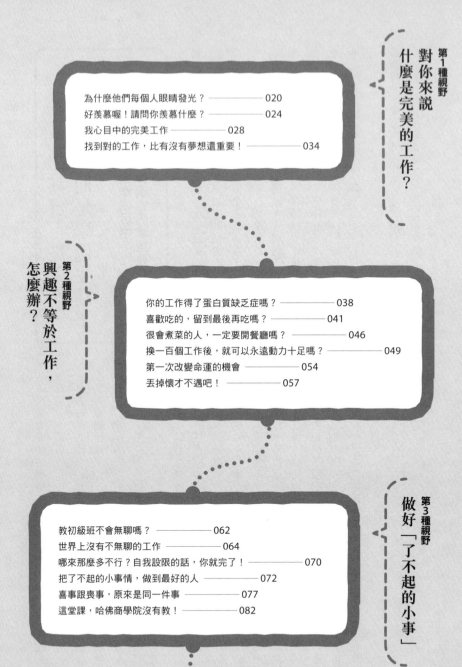

第1種視野 對你來說什麼是完美的工作？

第2種視野 興趣不等於工作，怎麼辦？

第3種視野 做好「了不起的小事」

第4種視野
透過工作學習獨立

第5種視野
人生到底有幾次機會？

第6種視野
如果工作不是為了錢，那是為了什麼？

第7種視野 改變世界還是被世界改變

第8種視野 換工作也要換腦袋

第9種視野 創造自己喜歡的工作

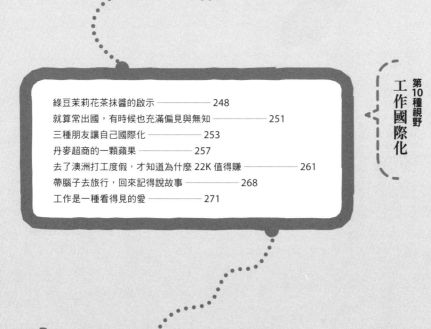

第10種視野 工作國際化

第11種視野 工作小退休概念

一份完美的工作，就像一場完美的旅行，
是用有熱度的生命，
在對的時間，做對的事。

第 1 種視野

對你來說 什麼是完美的工作？

為什麼他們每個人眼睛發光？

最近我在泰國北部的清邁大學，修專門給在緬甸工作的NGO工作者，還有外交官的緬語特訓課程，我的老師約翰・歐克爾（John Okell）是英國人，從英國皇家陸軍退役以後，便成為倫敦大學亞非學院東南亞學系的緬語教授，過去五十五年來，他潛心研究跟教授緬甸語言及文學，是全世界這方面幾乎絕無僅有的世界權威。

雖然歐克爾教授已經過了八十歲生日，但他還是退而不休，繼續在亞非學院擔任兼任教授，專門幫即將派遣緬甸的歐洲外交官做密訓。除了倫敦外，每年會開一次海外的特訓班，有時在西班牙的巴塞隆納，有時在緬甸仰光，這次則在泰國的清邁。但與其說這是上課，還不如說是緬甸語的軍事訓練。即使是初學者，第八天開始，就要完全直接讀、寫緬語。

爲了達到效果，所有學員從第一天就被告知，兩個星期的時間，儘量跟外界斷絕關係，沒事不要上網，絕非必要的話不要跟家人聯絡，晚上不可以去夜店喝酒，甚至不准「嘿咻」，一切都爲了要全心全意在短時間內功力大增。

那麼工作就更不用說了，整整兩週必須完全放掉。

這個一年一次的課程已經行之有年，但是我之所以遲至在緬甸工作的第十三年才終於下定決心參加，就是因爲這個「兩週期間不准工作」的要求。我實在無法想像，作爲一個全職的NGO工作者，要如何才能整整兩個星期完全不查信箱，不跟辦公室聯絡，不處理任何工作事項，除非辭職。

但是今年終於下定決心這麼做的時候，我非常高興我這麼做。這大概可以說是這幾年來爲自己的生涯，做過最好的決定。

當我排除萬難，甚至抱著被炒魷魚也在所不惜的決心，到了清邁大學，才發現跟班上的同學們比較起來，我的犧牲根本不算什麼。

班上有兩位是英國通訊社的緬甸特派員，去年已經在倫敦上過初級班，今年特地來參加進階課程。

還有兩位來自泰緬邊境梅道診所的澳洲物理治療師，專門訓練診所內各部門的醫護人員如何照顧重症患者的需要。

也有一位已經在緬甸住了十四年的新加坡人，她是負責訓練緬甸教師的天主教耶穌會傳教士。

另一對來自美國奧勒岡州的夫婦，他們在緬甸內戰中的克欽邦，專門訓練當地年輕人學會自己用竹子製造腳踏車取代零件昂貴而且耗油的摩托車，並且接受外國買主客製公路車跟越野車的竹子車架，讓他們在戰亂中也能夠得到工作機會，經濟自主。

兩位泰國籍的同學，則是專門負責緬甸難民安置的泰國NGO組織核心成員。

來自比利時的同學，是醫療管理博士，他接受美國政府委託，手上正在進行緬甸未來健保制度的可行性研究計畫。

三位國際法人權律師，專門爲受到性侵的泰、緬女性爭取司法保護。

還有一位是瑞士駐緬甸大使館的女性外交官，專門負責兩國間的貿易談判。另一位派駐在賴比瑞亞的聯合國官員，因爲戰事被緊急撤退後，並沒有回到紐約總部待命，而是選擇直奔清邁接受訓練。

跟他們比起來，我一點都不算忙。爲什麼他們背負著比我大得多的重任，卻可以全心全意放下工作、家庭，自己掏腰包買機票，付學費、食宿費，只是爲了學「會固然很好，不會也不會怎樣」的一種冷門外國語言，我卻拖拖拉拉了好幾年才終於付諸行動？

我是眞的沒有兩個星期，給我眞正想要做的事，還是跟同學們比起來，我缺乏行動力？

說到學費，這個課程還有一個有趣的特色，那就是事先根本沒有人知道學費是多少錢，也不知道課程的內容。唯一的通訊，就只有開課前不到一個禮拜，一封E-mail簡單說明第一天報到的時間、地點，剩下的就統統到了以後再說。

第一天報到以後，點了一下出席的人數，然後大家就均分老師的食宿費用跟教材的花費，當然沒有人知道明細，也沒有收據，靠的是陌生人之間完全的信任，收錢的則是同學間隨便推派出的一個代表。我身邊似乎不認識有哪一個台灣人，會聳聳肩說：「多少錢都沒關係，去了再說吧！」

我意識到，會放下一切，來參加這個事先完全不知道費用、也不知道課程內容的人，會特地從世界各地前來，一定是把學習緬甸語，當作是實現夢想重要的一部分。也或許因爲這樣的特質，所以我非常喜歡這個奇妙的特訓課程裡的每一個同學，每天下課以後，似乎都有聊不完的話題。

無論年齡、性別、背景、經驗，每個人的眼睛都發著光。

放眼看去，教室裡每一個座位上，無論我們的身分是老師還是學生、醫生還是律師，都是一個個充滿夢想的靈魂。

「如果每天去上班，都能夠被這麼棒的人圍繞，那就太完美了啊！」我深呼吸，打開課本，準備迎接今天的挑戰。

這一刻，我覺得自己幸福極了。

好羨慕喔！請問你羨慕什麼？

說到這裡，大概已經有很多人開始羨慕：

「我好羨慕你的工作啊！」

「是不是一定要在NGO工作，才能遇到這種很讚的人？」

「我也要休兩個禮拜的假，去上這個神奇的緬文課！」

這樣說的人，可能不自覺完全畫錯了重點。

這個世界上，並不是只要在NGO工作的都是好人。

並不是破釜沉舟休兩個禮拜的連假，就證明自己有夢想、有行動力。

也不是去報名上這個跟自己一點關係都沒有的緬語課程，就會改變人生。

這就好像每次我去旅行的時候，總會有人說：

「語言能力一定要很好，才有可能吧？」

「我好羨慕你可以到處去旅行啊！是不是必須是男生才可以這樣？」

「那我也要拋下一切，辭掉工作去打工度假，當背包客去環遊世界，變成像你這樣的人。」

實際上，對於世界充滿熱情的人，不管去咫尺之遙的澳門機加酒自由行，到大陸崑山的工廠出差，還是到阿根廷學習探戈、去義大利佛羅倫斯的鞋鋪子當學徒，都會顯得讚到不行，可是一個對世界沒有好奇心的人，即使公司外派到美國西岸西雅圖的分公司常駐，臉書上的打卡也還是鼎泰豐，只是地點從臺北的永康街，換成了華盛頓大學附近的分店；要不然就是每天下班以後，一面吃阿Q桶麵配華人超市買的味全花生麵筋，一面掛在網上跟在故鄉的朋友同步看連續劇《十六個夏天》，彷彿還在六、七千哩外的台北，完全不知道身處的西雅圖正在發生什麼。要不是台灣的新聞頻道恰好製播了一則關於華盛頓州合法販賣大麻的消息，我這位朋友恐怕一點也不知道原來有這檔事，即使所有當地的各界輿論、報紙媒體都因爲這個話題，經歷了長達數年的各種激烈的討論。

所以很明顯地，旅行、出國這些事情，本身根本沒有什麼了不起的地方，而是對旅行的熱情，讓每一趟旅程都顯得超讚。如果倒果爲因，覺得只要去旅行，人生就會變好，這樣的人恐怕不但會鎩羽而歸，還會忿忿不平地說：

「旅行有什麼好？根本都是騙人的！我不是哪裡都去了嗎？結果還不是一樣！」

我覺得，工作也是這樣的。很多人覺得我的工作很讚，所以也想要辭掉手頭上的工作，到國際NGO任職，去第三世界國家擔任志工，或是從事國際發展工作（就算根本不知道這是什麼意思），彷彿只要踏出這一步，讓人厭倦的上班族生活就會像轉開一個神奇扭蛋，從此迸發出一道美麗的彩虹，畫向天際，指引出人生的方向。

這樣想的人，忘記一個重點：工作本身是什麼，就像旅行的目的地去哪裡，往往不是最重要的。

一份完美的工作，就像一場完美的旅行，是用有熱度的生命，在對的時間，做對的事。

我之所以那麼「幸運」，做到一份很棒的工作，根本不是因爲我在國際NGO的工作有什麼特別之處，就像我緬文課堂上的同學，無論是公務員身分的瑞士外交官，教緬文超過半世紀的八十歲英國老先生，還是創立竹子自行車社會企業的這對夫婦，這間教室裡充滿幸福的空氣、夢想的甜味，一定不可能是因爲我們都超級「幸運」，都恰好找到一份適合自己的好工作，而是眞心對自己的工作充滿熱情的人，不管做什麼，都會顯得這份工作，一整個讚到不行。

第1種視野工作語錄

真心對自己的工作充滿熱情的人，
不管做什麼，都會顯得這份工作，
一整個讚到不行。

我心目中的完美工作

或許，擁有一份完美工作的人，他們心目中對於「完美工作」的條件，跟你想的很不一樣。

如果我問你，一份完美的工作，要有什麼條件，你會怎麼說？

只要當過兵的台灣男性，無論是職業軍人還是義務役，一定對於「錢多、事少、離家近」這個說法不陌生，符合這三個條件的阿兵哥，就叫做「爽兵」。雖然我查不到這個歇後語的起源，但是根據網上各式各樣的版本，至少都有這六句：

「睡覺睡到自然醒，
數錢數到手抽筋。
錢多事少離家近，
位高權重責任輕。

老闆說話不用聽，

五年就領退休金。」

如果世界上有一份工作，這六個條件都滿足，請問這就算完美的工作嗎？你眞的會快樂嗎？

如果這代表了大多數人對於工作的心聲，那我就不驚訝，爲什麼一份完美的工作，距離大多數人這麼遙遠。

表面上，我在清邁大學緬文課堂的同學們，包括我自己還有歐克爾老師在內，沒有任何一個人的工作符合這六句著名的歇後語任何一句，可是我們卻覺得這些人，每個都擁有讓人羨慕的好工作。

在上緬文課的期間，爲了擔心進度落後，晚上幾乎沒人能睡超過五個小時，同時每次只要一想到課程結束以後堆積如山的工作，壓力眞的很大。

對我來說，每天最快樂的時刻，大概就是下午一點半，趁沒課的時候去校園裡的奧運標準游泳池游上一千五百公尺了吧，將暑熱跟壓力都隨著換氣跟踢水，一起釋放到凜冽的水分子中，讓人愉快極了。

每天，我都會在同時間遇到一位讓人敬佩的歐洲老先生。

我很難不去注意到他，我相信他也很難假裝沒有看到我，因爲偌大的奧林匹克標準池裡，永遠只有我們兩個人。

雖然少了一條腿，但老先生下水後總是以仰式跟蛙式，從容卻毫不間歇地游了一個小時後才上岸，上岸之後還總會曬那麼一會兒太陽，才把腿擦乾，將放在池邊的義肢裝回去，騎著沒有改裝的普通摩托車離開。

當他在水裡時，要不是放在池畔的義肢，大概不會有人注意到他的殘障。恐怕這也是他每天清醒時，少數能夠忘記自己失去腿，享受當「正常人」的片刻吧！

我們大多數都比這位老先生更年輕、更健康，卻不見得有老先生這三種重要的生命力量：面對自己不幸命運的坦然、珍惜生命美好的能力、還有面對世俗眼光的勇氣。他的生命肯定經歷許多故事，我好奇極了，但我想還是不要打擾他享受這美麗的陽光吧！所以總是只在旁邊默默看著這位老先生。

就這樣經過了一個禮拜，我們終於從陌生人成爲朋友。要讓他開口聊天，難度實在很高，我其實試著跟他打過好幾次招呼，但是每次他都對我不理不睬。

可是我還是不死心，看準他已經結束，正要困難地用一隻腿爬上岸的時候，我決定咻一下快速游到他面前，讓老先生不得不停下來。

接下來發現的事情，讓我十分驚訝。原來一個星期以來，每次跟他打招呼他都不理的原因，並不是因爲他少了腿，也不是因爲他是法國人，而是因爲他是聾子！

更令人驚訝的是，快要八十歲的奧力佛（是的，這是他的名字），年紀這麼大卻孤家寡人在遙遠的異鄉，少了一條腿，耳朵也聽不到，誰知道還有什麼其他毛病？雖然表面看來有這麼多值得憂慮的事，他卻是一個過去三十年來，專門在泰國監獄幫助外籍囚犯的天主教神父。

知道了他的故事以後，我很感慨地在臉書上刊登了我們的合照，並且在圖說上面寫著：「擁有好奇心眞好！否則很容易就可能錯過每天身邊，那個讓人值得敬佩的陌生人。」短短一天之內，就有四百多個朋友在這則PO文上按讚，還有不少分享。許多人都被奧力佛神父的故事感動。

但是奧力佛神父做的這份工作，怎麼看都很差勁。

首先，神父不能結婚，所以到了遲暮之年，卻沒有伴侶或是子女，只能孤零零一人。

然後，他外派到泰國三十年了，就算他在法國有家人，也不在身邊。

每個星期五，一早他就要騎四十公里路的摩托車去探監，然後再騎四十公里趕回來游泳。他就是多年前在一次探監的路上，發生車禍而失去他的左腿。這樣說來，他的殘障是這份工作造成的。

因爲他失聰耳聾，無法分辨聲調，所以無法學習有五個聲調的泰語（比中文還多一個聲調），這份工作卻得讓他長年在泰國生活工作，過著跟啞巴無異的生活。

很多人不知道，除非是在修道院裡不跟外界接觸的神職人員，一般的神父其實也是領薪水的，因爲這也是一份全職的工作，可是薪水肯定不高。以美國的天主教會標準來說，神父的年薪也像公務員一樣，會因爲年資而慢慢增加，但是從一開始的年薪美金一萬元多一點（大約三十萬元台幣出頭），一直到退休最高也通常不會超過三萬美金（大約九十萬元台幣出頭），也就是說最高薪的神父在物價昂貴的美國，工作幾十年以後月薪最多也只有台幣七萬多元，比許多相同年資的台灣公務人員薪水還要低，更何況教會可能會因爲本身的財務狀況跟當地物價調整，所以奧力佛神父在清邁的薪水，恐怕遠遠少於這個數字，也就是說他如果要存夠錢買張機票回法國探親，肯定不是件容易的事。

這樣的工作，如果不是因爲對於宗教的熱忱，我想沒有幾個人會想要做吧？但是對於神父奧力佛來說，我相信這應該是他心目中最完美的一份工作。

第1種視野工作語錄
如果夢想不能實現，
帶來的痛苦可能比沒有夢想更大。

第1種視野工作語錄
就算沒有夢想，
當然也可能擁有百分百的完美人生。

找到對的工作，比有沒有夢想還重要！

聽到奧力佛神父例子的人，雖然欽佩他，但是恐怕沒有多少人想要仿效。

「那是因爲他有強烈的宗教信仰，有偉大的夢想，可是我根本沒有什麼夢想，工作的目的不是爲了要吃苦，只是想要過好日子，難道不可以嗎？」或許有人會這麼說。

「當然可以。」我的回答總是這樣。

我常常跟對自己沒有夢想，但是想要透過工作讓自己的人生變得有趣，或是想要過好日子的人說，所謂一份完美的工作，就像一場完美的旅行，是「用生命的熱度，在對的時間、做對的事」，完全沒有提到「夢想」兩個字，因爲我相信一個知道該怎麼找工作的人，就算沒有夢想，也能夠擁有完美工作。

我說過一位叫做法蘭克的美國朋友的例子，他沒有什麼學歷跟專長，也沒有什麼夢想或是讓他瘋狂的嗜好，就像大多數人一樣，雖然從小就夢想旅行環遊世界，但因爲距離現實生活太遠，而且老實說也不是非去不可，不去會死的那種強烈渴望，所以他高中畢業以後，經過簡單的職業訓練，就開始當理髮師。對於理髮這份工作，他說不上什麼喜歡不喜歡，但是他喜歡跟人接觸，這點是他喜歡的。可惜因爲收入不豐，不得不去洗腎中心找第二份兼職工作來養活自己，洗腎中心的工作，也說不上喜歡，但可以跟更多人接觸，這點也是他喜歡的。當然，沒有什麼特別喜歡的工作，只是爲了謀生賺錢，所以他一面做兩份工作，一面在護校念夜間部，因爲一旦拿到了所謂RN的正式護士資格，他的薪水就會高出一倍。

其實除了賺足夠的錢之外，法蘭克工作的快樂，其實很簡單，他想親眼看到接觸過的人，能夠露出笑顏。

無論是剪一個很好看的髮型，看到鏡子的那一剎那，還是洗腎後暫時脫離病床，維持正常人生活品質的那短短幾天，對他來說，都讓他也跟著開心。可是他做這兩件事，沒有辦法帶給他更大的快樂。

他想到自己最大的快樂，應該就是可以隨心所欲地去世界各地旅行吧！所以他突發奇想，在終於拿到正式護士資格以後，說服了洗腎中心的醫生，用便宜的價格租用一套二手的洗腎設備，還有兩間在豪華郵輪上最便宜的普通客房，簡陋地開啓了全世界第一間海上的洗腎中心，讓那些因爲需要一個星期兩次至三次回診所洗腎，早已放棄了旅行夢想的病人，能夠一面環遊世界，一面得到洗腎的維生服務。

透過這份他自己無中生有創造出來的工作，法蘭克不但幫助洗腎病人在人生的最後一段路上，找到莫大的快樂，他也因此跟著郵輪上的病人，實現了從小想要環遊世界的夢。

老實說，他從來沒有預期有一天，這名來自美國鄉下，沒有學歷，沒有背景，家裡也沒什麼錢的普通人，竟然眞的能搭乘豪華郵輪環遊世界，而且還是透過一份原本只是兼差餬口的工作，從此白天上岸旅行，晚上幫病人洗腎，每天工作結束的時候，累得頭一沾到枕頭就睡著了，但是他眞的很快樂。

我不會說我的朋友法蘭克是一個大人物，他從來就不是典型的人生勝利組，但是我相信他擁有一份比很多大人物更完美的工作。

法蘭克的故事時常提醒我，有夢想的人生，沒什麼好稀罕的，因爲如果夢想不能實現，帶來的痛苦可能比沒有夢想更大。可是一個知道該怎麼找到對的工作的人，就算沒有夢想，當然也可能擁有百分百的完美人生。

喜歡閱讀的人，不一定去出版社工作。
喜歡音樂的人，也不見得要出唱片。
不是每個夢想都值得追求，
否則原本生活中快樂的事情，
就會變成一份不快樂的工作。

第 2 種視野

興趣不等於工作，怎麼辦？

你的工作得了蛋白質缺乏症嗎？

我在緬文特訓班的澳洲同學羅姿琳（Rosaline），她在泰緬邊境爲難民提供免費醫療的梅道診所工作。她告訴我，雖然她是白人，可是從小就對亞洲人特別認同，原因是小時候跟著父親在馬來西亞的鄉間長大，父親是一個爲聯合國工作的農業專家。在當時，稻米產量不足，爲了讓稻米一年兩穫，讓大家都有足夠的米可以吃，不再餓肚子，所以她的父親代表糧食計畫署，在當地推廣一個快熟的改良品種，短期內果然見效，同樣面積的土地，突然有了兩倍的稻米產量。

一開始，大家都很開心。

可是推廣了一陣子之後，卻發現只有這個推廣新品種稻米地區的孩子，發生了有史以來首見肚子變得大大鼓鼓的，四肢跟頭卻都瘦巴巴的，屬於饑饉國家時常會出現的症狀。過去這個村莊雖然貧窮，但還不至於嚴重缺乏蛋白質，造成血液內的血漿蛋白質（plasma protein）濃度偏低，較少組織液（tissue fluid）返回血管，因此組織液積聚在組織及身體空腔內，肚子脹大其實是所謂的「腹水」。這種病一般通稱為蛋白質缺乏症（Kwashiorkor）。

「顯然是營養不良，但是怎麼會這樣呢？這個村落的稻米產量，是其他村落的兩倍啊！」羅姿琳的父親百思不得其解。

經過各種追蹤調查，最後才發現原來這種快熟品種的稻米，雖然可以一年兩熟，但是卻沒有什麼蛋白質。雖然產量變多了，孩子們吃的米飯也變多了，卻比之前吃少量米飯時的健康情形更差了。

因為好的用意，卻帶來壞的結果，作為一個農業改良專家，羅姿琳的父親非常自責。

當地農民要求種植原先的傳統稻米品種，但是他們手上已經沒有這些稻米的種子了，於是請求政府的幫助。

沒想到政府卻要求這些受害的農民，要跟之前種植可以一年兩熟的稻米一樣，另外向政府花錢買稻種才行。

她的父親當時做了一件很勇敢的事。他不顧自己的身分，挺身而出說：

「這些稻米的種子，本來就是屬於這塊土地的人民的，我們憑什麼要求他們另外花錢，去買回這些原本就是屬於他們的種子呢？」

羅姿琳說的這個故事，是我們做發展工作的人，都要時時警惕在心的。就像我時常提醒其他的NGO工作者，**通往地獄的道路，往往是善意的石頭鋪成的**。

說這個故事的真正用意，是因爲發現身邊很多不滿意自己工作的人，其實每天都很忙，但**這份塡飽肚子的工作，卻沒有爲他們的生命帶來任何養分**。

就像吃了太多沒有蛋白質白米的孩子一樣，他們空空的肚子飽了，卻沒有得到營養。我們身邊，有多少人每天面對工作，僅僅是用工作的量來塡滿一天的時間，就像一直吃沒有富含蛋白質的快熟種稻米？

一個孩子吃了太多這樣的稻米，會得到蛋白質缺乏症。**作爲一個社會人，對於工作感到倦怠，會不會也患上「工作蛋白質缺乏症」**？

喜歡吃的，留到最後再吃嗎？

如果你發現自己工作倦怠，每天雖然很忙，但說不出來自己究竟在做什麼，或爲什麼要做這些事情，那麼你可能已經是「工作蛋白質缺乏症」的早期患者。

明明是爲了做點大事而開始這份工作，然而每天卻都覺得在做些雞毛蒜皮的瑣事，一天不知不覺就過去了，眞正該做的那件大事，卻一直放在一旁根本沒時間做，那麼可能已經成爲中度患者。

要是認爲自己懷才不遇，壯志難伸，而且放棄希望，開始接受「原來工作不過就是這麼一回事」，那麼你可能已經是重度患者。

請問，當你吃便當的時候，會一口先把最喜歡的菜色吃掉，還是留到最後才吃？

很多人選擇喜歡的東西最後吃的理由，是因爲覺得如果一開始就吃掉最喜歡的那一樣，雖然很「爽」，但接下來的每樣東西，都沒那麼美味了。

問題是當把其他東西都吃完以後，原本好吃的東西放涼了，變得不好吃，或已經吃飽了，那麼再好吃的東西也變得不好吃了。

這樣說來，**無論先吃或是後吃，都可能會造成遺憾**。

如果按照我節省的個性，原本應該是會把最愛的菜色，無論如何留到最後的人，但是小時候發生的一件小事，卻改變了我的決定。

有一年快過年的時候，我姊姊花了一整天的時間剝瓜子，因爲我們覺得剝瓜子很辛苦，所以要先苦後甘，將瓜子仁統統收在水果糖吃完以後的扁圓鐵盒裡，之後再來慢慢吃。

結果沒想到父親下班回家，一眼看到我們姊弟坐在客廳，桌上放著兩盒剝好的瓜子，想也不想就拿起來往嘴裡倒，年幼的我和姊姊當場傻在座位上，隔了兩秒鐘，大哭起來，但已經來不及了。

我們的哥哥，頭腦是我們三個人當中最好的，爲了把好吃的東西據爲己有，卻又想留到最後再吃，每拿到一個他特別喜歡的東西，無論是蘋果還是雞腿，就會在我們兩面前先舔一遍，讓他要的東西上面沾滿了口水，所以我跟姊姊就絕對不會去碰。但這一招實在也太噁心，從此以後，我和姊姊就變成會把好吃的東西先吃掉的人。

我們從此每剝一顆瓜子，就吃一顆瓜子。

每次一點點的努力，就會得到一點點的回報。

回頭來說工作。如果週一早上進辦公室打開電腦，發現有三十一封未讀來信，其中有一封是很重要的未來策略討論，但需要花三個小時的時間，才能好好地完整地說明自己的想法跟建議，另外有三十封只是例行性的E-mail，每一封頂多花個五、六分鐘就可以處理。同樣需要三小時，你會選擇先回覆重要的那一封，還是趕快處理掉那三十封再說？

回覆三十封信件，感覺上三個小時做了不少事，收到副本的同事、上司也都覺得你很忙碌，可是這些信件本身可能毫無價值，晚上睡覺以前跟家人聊天，才發現根本說不出自己忙了一天，到底自己具體在忙些什麼？這些信件，一半以上恐怕都是沒有必要的；不是因爲沒有一套「早就該做的」有效管理系統而繞圈子、就是因爲某個「大家都知道的」明明可以改善的環節，卻總是出錯，所以又在收拾爛攤子。

總而言之，讓人既是煩，又是無奈。

不只今天這樣，昨天也是這樣，前天、大前天也是這樣。認眞想一想，恐怕明天，明年，後年，也一直會是這樣。

「工作這件事，多麼讓人沮喪！」我不知道聽過多少次這樣的抱怨。

如果關掉網路，認眞花三個小時，趁週一早上頭腦最清楚的時候，利用這個機會好好地、完整地把自己的觀察，跟對未來的展望提出改革性的建議，說不定從此可以避免每天花三個小時在繞圈子，或是收拾爛攤子。

就算建議沒有得到採納，經過這三小時的思考，還有後續的討論，可能會發現原來自己覺得很棒的建議，其實有盲點，甚至有一些考慮不周全的地方。這個過程中，肯定會**釐清舊的疑問，學習到新的想法**。

如果建議確實可行，只是很不幸因爲某些現實的原因無法在這份工作中實現，也沒有關係，只要**未來有機會，當自己成爲那個可以帶來改變的人，已經知道未來該如何避免錯誤，就可以做得比現在更好**。因爲只有對的時間點，做對的事，才會有效果，否則勉強不來。

換句話說，要我選的話，當然寧可選擇當那個在稻米一年一穫的鄉村，雖然有些吃不飽，卻沒有嚴重健康問題的孩子，也不要選擇當那個在一年兩穫的村落，明明吃了很多米飯，卻變得嚴重營養不良的孩子。

第2種視野工作語錄

每次一點點的努力，
就會得到一點點的回報。

第2種視野工作語錄

只要未來有機會，
當自己成為那個可以帶來改變的人，
已經知道未來該如何避免錯誤，
就可以做得比現在更好。

很會煮菜的人，一定要開餐廳嗎？

我在網誌上，看到一位去考丙級廚師執照的家庭主婦，她說自己考照，完全沒有想要開餐廳的打算，只是在買魚的時候，至少可以跟老闆說「魚不用殺，我自己來！」時，那種小小的成就感。

老實說，爲了要學殺魚、剁排骨、拆家禽類的骨架，其實根本用不著花錢、花時間、花精力去補習準備國家廚師考試，只要跟魚販、肉販交代一聲就好了。所謂的「廚師證照班」和一般的烹飪課程很不同，廚師證照班的課程是爲了考試而設計的，注重的是考試技巧，教的是考試項目的九十道菜，全都要從一把傳統的鐵鍋裡面變出來，不能用壓力鍋，或是不沾鍋這些豪華配備。有趣的是，去上執照班的學員，各行各業男女老少都有，從家庭主婦到醫生，老師到退休公務員，泰半都不是爲了要開餐廳或當廚師而來。

有了執照，如果眞的要找工作，可以做什麼？

應該可以當二廚。

二廚是什麼？直截了當地說，二廚就是在廚房裡打雜的。大廚負責在鍋裡變出那九十道菜，二廚就在旁邊備料，從洗菜、切菜，一直到準備好下鍋需要的所有調味料，準備盛菜的食器，最後的裝飾擺盤，都是二廚的工作。

我們都可以接受二廚是「不做菜的廚師」，卻沒有人會說二廚不是眞正的廚師。所以，既然廚師沒有一定要做菜，爲什麼我們卻覺得會做菜的人一定要開餐廳呢？

既然會去考丙級廚師執照的人，有一半以上並沒有要當廚師，喜歡閱讀的人，當然不一定要去出版社工作。喜歡音樂的人，也不見得要去出唱片。爲什麼只要考上了公務員、教師資格，無論是本人，還是身邊的親友，卻都覺得不管喜歡與否，考上就要去做？

「興趣不等於工作時，怎麼辦？」這個時常被提出來的問題，其實有一個很簡單的答案。

如果忘記「不是每個夢想都值得追求」這件事，就會將原本生活中讓人覺得快樂的事情，變成一份不快樂的工作。

第2種視野工作語錄

想辦法增加自己的力量，
或是找到有這種力量的人。

第2種視野工作語錄

不是每個夢想都值得追求。

換一百個工作後，就可以永遠動力十足嗎？

我有一個朋友，叫做Mana，她留學回國以後，沒有正式教師資格，卻因爲她無論如何都想在偏鄉幫助學童，所以去苗栗的鄉下當了國中代課老師。

她說這麼做最大的收穫，是心中總能夠感受到孩子們滿滿的溫暖和貼心的小舉動。最大的擔憂，則是這些弱勢孩子們的原生家庭帶來的負面影響。作爲一個代課老師，即使每天在課後擠出時間，給予孩子們關懷及溫暖，可是代課老師的課堂數本來就相當滿，晚上還要在補習班兼差才能餬口，以至於沒有辦法付出更多的心力去幫助孩子們。

但眞正讓Mana疲倦的，並非從早到晚長時間工作跟兼差的忙碌，而是當孩子哭訴「希望還有機會再看到媽媽」時候的難過表情。

「我無力去解決他父母離異所造成的陰影和害怕，這樣的無力感，讓我總是不斷問自己：『到底還能給孩子們什麼幫助呢？』開學這幾天，接觸了一名國一生，他常作業遲交，沒有任何學習效率，不論用各種教學模式來吸引他學習英文的慾望，都換來無動於衷。每個老師看到他，都只能搖頭再搖頭。我不甘願讓他這樣下去，於是每天把他帶在身邊，叮嚀著他寫作業。也去瞭解他的家庭生長背景，然後從每天相處中，跟他聊天後，我才眞正得知爲什麼他會這樣。看似對所有的事情都不在意，其實他最在意、最想要的是媽媽可以回家看他。

偏鄉教育眞正最難推動的是，孩子們沒有得到足夠的愛，以至於他們不認同自己，不喜歡自我，甚至放棄學習。我長期接觸父母離異、隔代教養的孩子們，以及有情緒障礙、ＡＤＨＤ、ＡＤＤ和亞斯伯格症的小孩們，我極盡所能地去幫助他們。可是這兩週，我有種像是掉到漩渦裡打轉的人，因爲自己時間就被卡滿了，又深感自己沒有辦法再花更多時間去幫助他們，讓我不斷懷疑自己眞的適合嗎？」

Mana的來信，讓我想到一部改編自日本知名諧星「劇団ひとり」同名小說的電影《青天霹靂》，這部電影，不但原著、導演，甚至編劇、主角，都是他自己，可以說果然是名符其實的「劇團一人」。

這部電影的主角，就是一個在東京小酒吧擔任吧檯人員、也表演現場魔術的魔術師晴夫，年近四十，卻在魔術的領域鬱鬱不得志，眼看著一個個年紀比他年輕、技巧比他差的後輩魔術師都出頭天了，懷才不遇的他還是沉著臉，有氣無力地有如行尸走肉般過一天、算一天，過著捉襟見肘的生活。

突然有一天，他接到來自警察局的一通電話，多年沒有往來，同樣一輩子是不得志魔術師的流浪漢父親被發現意外死亡，警方要作爲唯一親屬的晴夫前往局裡簽字。簽完字以後，晴夫因爲好奇心驅使，決定到父親死前生活的鐵橋下，看形同陌路的父親在生命最後一段時間，用紙板在橋下搭蓋的臨時住處。

在少數的遺物中，有一個生鏽的餅乾盒裡，裡面珍藏著一張照片，照片上是剛出生時的晴夫，被年輕的父親抱著的黑白照片。握著照片的晴夫，看著四周父親淒涼的晚景，想到自己一輩子以原生家庭爲恥；母親在晴夫出生後離家出走，本來是魔術師的父親，卻不知道爲什麼窩在汽車旅館當清潔工。自己的魔術師之路超級不順，這樣活下去究竟有什麼意思？似乎自己跟那深惡痛絕、形同陌路的父親也不過就差那麼一小步了。

就在那一刻，突然一聲晴天霹靂，晴夫被雷打中後昏了過去。原本一開始很合理的劇情，突然就變成穿越劇，晴夫醒來的時候，發現自己身處在一九七三年，他還沒出生的前一年。

回到過去的晴夫，爲了維生開始在淺草的秀場表演魔術，助理是一個美麗而善良的年輕女子，叫做花村悅子。晴夫一開始對悅子有意思，但後來發現悅子其實跟另一個同台的魔術師早就同居，兩人只好保持純友誼的關係。

沒多久，晴夫發現一件驚人的事，那就是這個跟他同台的魔術師，就是年輕時的父親，而懷著身孕的悅子小姐，就是他的母親。也因爲這樣，晴夫終於瞭解自己的身世之謎，知道自己並不是被母親拋棄的孩子，母親其實是因爲胎盤剝離難產而死的，父親之所以編造故事，說母親拋家棄子，是爲了不希望晴夫有罪惡感，覺得是他的出世害死了母親。而父親之所以放棄魔術師的生涯，在汙穢的汽車旅館做鐘點清潔工，其實是爲了要有足夠的時間跟彈性，當單親爸爸把晴夫一手撫養成人。

電影的最後，是淺草秀場大受歡迎的晴夫，在舞台上被另外一個晴天霹靂打中，送回了現代。

雖然這部電影結束了，沒有交代從此以後的晴夫，人生會有什麼改變，但我看到一件重要的事：晴夫的工作倦怠，**問題根本不是出在工作本身，而是來自於對生活其他層面的困惑**。

晴夫若單單只想解決工作上的問題，無論多麼努力，可能都不會有什麼效果。但是自從知道自己其實是被愛包圍的，**對於自己的人生可能就會有正面的看法，工作的死結，或許也會從此迎刃而解**。

這解釋了我的朋友Mana面臨的問題學生，爲什麼無論用什麼樣的教學法，都沒有辦法激起這個偏鄉國一生的學習慾望，因爲他最想要、最需要的，是被愛，而不是被教導。如果沒有從癥結點著手，作爲英文老師的Mana，或是任何一科的學校老師，無論從教學的角度如何努力，都是不可能會解決問題的吧！

意識到這些偏鄉的問題學生，最需要得到解決的，並不是英文教學上的問題，而是生活、家庭的問題，這讓我的朋友Mana，因爲深深的無力感而覺得自己也被跟著拖進泥沼當中，失去了力量，甚至開始懷疑，自己究竟適不適合這份工作。

想了一會兒後，我是這樣回答Mana的：

「我相信工作就是用有熱度的生命，在對的時間，做對的事。滿足這三個條件就適合，不能滿足的話，就不適合。如果妳陷入工作困境的原因，是因爲少了第三個條件，自己沒有足夠或是正確的專業力量，可以做對的事，那麼不妨**想辦法增加自己的力量，或是找到有這種力量的人**，跟妳一起幫助這樣的孩子，做對的事。」

因爲魔術師表演沒勁，可能不是因爲技術太差。

學生不願學習，可能不是懶惰，也不是老師教得不好。

老師工作沒勁，也很可能根本不是教學本身的問題！

我們如果對工作產生倦怠、被無力感占領的時候，或許應該要問自己，是不是因爲生活的其他面向出了根本性的問題？如果是的話，就不能只試圖從工作層面來解決，否則就算換一百個工作，也永遠會卡在同樣的問題上，窒礙難行。

第一次 改變命運的機會

自從去廈門認識了一群熱心想要推動美好生活的在地朋友之後，我特別注意到當地有一個叫做張芳的人，在廈門開了一個專門訓練工廠女工的「五齊人文職業培訓學校」，目的是讓她們能夠從生產線上有如機械人般的女工，變成在辦公室裡工作的文員。

自中國改革開放以後，許多所謂的農民工快速湧進沿海的大城市，從一九七八年的三千萬人，到如今超過兩億人，以小小的廈門來說，就有起碼八十萬以上的農民工，這些農民工跟在深圳、廣州等其他大城市的農民工一樣，做著城市最底層的工作。這麼大量的流動人口，當然也帶來了一系列的社會問題，比如說這些農民工的工資過低，沒有得到跟城市人口相同的社會保障、公共服務，遇到職災也沒有權益保護，她們生下來的孩子的教育問題，因爲沒有類似安親班的制度，因此小小年紀成爲所謂的「留守兒童」。

張芳自己的生活，可以說是一路順遂，跟這些農民工完全沒有任何交集，大學畢業以後，進入外資企業工作了八年，感覺職涯遇到困境，不知道**人是為了什麼活著，總不會是為了一輩子日復一日上班、下班？**於是她按下暫停鍵，進了廈門大學念EMBA，一面念書，開不下來的她一面接手經營了朋友開辦的一個電腦培訓中心。

有一天，她請培訓班中的一個女學員幫她打一份文稿，沒想到那女孩卻因為張芳的字太潦草看不懂而拒絕了，兩人便聊起來，才知道原來那女孩是一名在工廠生產線上的女工，一面來學電腦，一面準備參加自學考的，相當於台灣說的「同等學歷」考試。張芳帶著玩笑的口氣隨口說：

「妳們小時候不好好學習，現在才要重新學過。」

想不到女工竟然傷心地哭了，她說自己沒念書不是因為不用功，其實她很愛讀書，只是家裡窮，經濟條件頂多只能供她上到初中。而且在老家上學很辛苦，要走上兩個小時的山路才能到學校，加上農村裡並不鼓勵女生念書，就算家裡有條件供孩子上高中，機會也會讓給弟弟，根本輪不到身為女孩子的她。

張芳從小到大在繁華的廈門長大，從來沒有遇過這樣的人，雖然聽過這樣的故事，以為電視上看到的「希望工程」早就解決了所有農村的教育問題，沒想到事實並非如此，於是開始思考，要如何從NGO的角度，幫助這批人改變她們的生活？

這個女工告訴張芳，她來學電腦的目的，是希望能透過學電腦改變自己的命運，夢想是做一名「文員」。所謂的文員，是「文職人員」的簡稱，台灣則習慣稱為助理、行政或祕書。在不同的公司，文員的工作雖然有些不同，但基本上就是做些文字處理、文檔整理、影印文件、接聽電話及處理辦公室日常事務，像是接待客人、打掃、購買辦公用品等繁瑣的雜事，有些公司的文員還要協助會計做一些記帳工作。一般老闆還會要求基本的電腦操作。

張芳聽了感到很吃驚，因為她心目中一直覺得文員這個工作很低階，根本不入流，既簡單又枯燥，只要有手有腳誰都可以做，沒料到對於一個工廠女工來說，竟然是一份心目中完美的工作。

張芳因此決定開文員訓練班，專門幫助女工實現成為文員的夢想，而當年這個女孩，也就成為了這個絕無僅有的女工學校第一位學員。

丟掉懷才不遇吧！

因爲女工們白天要上班，所以女工學校只有晚上上課，分成電腦培訓跟文員培訓。電腦培訓只收五十塊錢人民幣，教基礎的電腦操作技巧、打字、辦公軟體使用等。文員培訓班則收兩千人民幣左右，除了電腦之外，還教辦公室工作實際需要的各種知識：小自怎麼採購辦公用品、每種辦公用品該如何使用、如何穿搭、怎麼待人接物、如何談吐得宜，增加氣質、甚至鍛鍊體能；大到個人職業生涯規劃、就業指導，訓練學員如何思考、如何創新、學習溝通技巧，甚至有專門的講師，用國中畢業生的程度也聽得懂的話語，深入淺出講解基本的管理學理論及案例。目的都是爲了要讓這些女工能夠脫胎換骨，增強自信心，發掘潛能，養成積極進取的心態，盡快適應和融入從來不屬於這些女工的城市生活。基本上就是一切從頭學起，讓這些通常只有國中學歷的年輕女工，在跟大學畢業生一起面試角逐工作機會的時候，靠著這個特訓能夠應對進退表現優異，脫穎而出。

兩千元人民幣對於女工來說不是小數目，卻不是付不起的天價，差不多就是一台智慧型手機的價錢，所以既然決心付了這筆錢，肯定會珍惜這個機會。眞的付不起的學員，其實可以申請分期付款，如果是十六歲以下的童工，不僅給予減免學費的優惠，甚至女工學校還會提供生活費用，幫助她們解決食宿問題。

爲了方便工廠女工學習，不要浪費很多時間在路上，張芳於是把「教學點」，也就是教室，設置在各個工業區內，因爲女工的工作地點跟宿舍通常都在工業區裡面，而不是市區，讓她們可以就近學習。我上次去廈門的時候，女工學校已經有三十多個教學點，差不多有兩萬名學生，從女工學校結業的學員，已經至少八萬人。

作爲臨時女工，在工廠的工作可能會流動，所以付了學費以後，可以在任何一個教學點上課，就算因故半途無法繼續上課，沒上完的課堂時數也可以無限期保留。女工學校很多工作人員，本身就是之前的結業學員，所以可以理解女工們學習所面臨的困難。也有類似在台灣的大學中常見的「學伴制」，讓程度比較好的學員，幫助落後的學員，結業以後，還可以持續透過社群網站上面的交流平台，保持追蹤跟輔導，不至於失去聯絡。

如果一份完美的工作，就是用有熱度的生命，在對的時間，做對的事，那麼張芳在按下工作的暫停鍵，回到校園念EMBA時，因爲一個小插曲而創立了一個社會企業，**爲自己創造出一份很棒的工作，還能夠因此幫助需要的人**，就完全符合了這三個條件。

第2種視野工作語錄

很多不滿意自己工作的人，
其實每天都很忙，
但這份填飽肚子的工作，
卻沒有為他們的生命帶來任何養分。

至於想要改變自己生命的女工，也因此讓人生第一次有了改變命運的機會，能夠出發去找到她們心目中的完美工作——文員。

無論是工作了八年遇到瓶頸而勇敢按下暫停鍵的張芳也好，還是這些想要改變在生產線上單調重複工作一輩子命運的女工也好，都是眞正的高手。

對於高手來說，沒有倦怠或是懷才不遇的問題，因爲他們總是可以**在工作的重重限制中，爲生命找到完美的出口，用有熱度的生命，在對的時間，做對的事。**

從小我們都以為長大以後，
一定做「了不起的大事」。
但每一份工作的極致，
是能夠每天做好「了不起的小事」。

第 3 種視野

做好「了不起的小事」

教初級班不會無聊嗎？

老實說，這已經不知是第幾次捲土重來學緬語了。但這次，確實得到了突破，原因是我終於遇到一位很棒的老師。

來自英國的緬語老師歐克爾，年過八十歲，對於緬甸傳統文學的造詣無人能及，簡直就是活生生的文化遺產。這麼說一點也不誇張，實際上，在來清邁大學開課的不到一個月前，歐克爾老師才剛得到英國女皇頒贈大英帝國官佐勛章，恐怕是英國歷史上第一個因爲教外語而得到皇室頒授勛章的教師，但這件事情，是我在網上自己查到的，歐克爾老師對此事隻字未提。

半個世紀以來，他就這樣一年又一次從倫敦來到亞洲進行特訓，跟往年一樣，這次也住在清邁大學簡陋的宿舍，每天早上騎著腳踏車來到人文學院的教室，面對著一群程度參差不齊的緬語學生，充滿耐心地從第一個字母開始教起。

對他來說，鑽研了緬語五十五年，師事當代最有名的緬甸語言學家，每次卻總是要面對一群菜鳥，從最基本的字母教起，一定很無聊吧？

老實說，過去拜師學過好幾次緬語，每個老師都是程度很高的緬甸知識分子，但或許是我的資質太差，每次總是還沒來得及搞清楚所有字母細微的發音跟變化時，老師就已經顯出很不耐煩的樣子。所以我只好默默放棄，避免造成老師的麻煩，為此不知半途而廢了多少次！

但這一次，看到歐克爾老師眼中的光芒，我知道，他一點也不覺得教緬語字母有任何無聊的地方。難怪他是我十多年以來，終於遇到的緬語啓蒙老師，雖然他甚至不是緬甸人。

「您眞的一點都不覺得教初級班很無聊嗎？」我曾經這樣問歐克爾老師。他有幾位緬甸籍的助教，大可將基礎課程交給助教就可以了，他只要教高級班就好。

「一點都不會啊！」歐克爾老師笑著回答，「看到我的學生，從第一天什麼都看不懂、聽不懂，親自調教八天之後，竟然可以開始閱讀緬語的報紙文章，沒有什麼比這個更讓人滿足的啊！」

歐克爾老師之所以很棒，甚至讓我能夠忘記自己竟然正在向一個英國人學習緬甸語，是因爲在看似重複單調的教學之中，他是唯一一個**能夠跨越半世紀，還繼續保持熱情**，每次都像第一次接觸般戰戰兢兢想要做到最好的老師。

世界上沒有不無聊的工作

自從接觸歐克爾老師後，再想想身邊覺得自己程度太好，不屑教鋼琴初級班、或是兒童美語的老師，我眞希望他們也能夠親自看到歐克爾老師備課時認眞的神情，還有教初學者時的專注與投入。

「天天做一樣的事，不會很單調嗎？」

「單調的工作眞的不好嗎？」

我們如果需要拔智齒，應該不會認爲隨便找一個曾經只拔過一次牙的人就可以了。如果要打針注射，也不會找一個曾經只用過一次針筒的人。

無論是一個牙醫、或是一個護士，都是因爲他們**每天做重複的事情，以致於越做越好**。

但是爲什麼我們在面對自己工作的時候，卻一直想避免重複做一樣的事呢？

每份重要的工作，都有應該遵循的規律，從這個角度看來，每份工作當然都無聊，我相信無論是神父或是教宗，也一定對於某些每天非做不可的事情，覺得很無聊。但**因爲無聊而放棄工作的人，恐怕沒有看清楚工作的本質**，因爲就算當背包客無止境地旅行，從這個城市移動到另一個城市，從一家青年旅館換到另一家青年旅館，頂多幾個月保證就會開始覺得無聊了。

我不知道每天一起在清邁大學游泳池游泳，來自法國的奧力佛老神父，在他工作的耶穌會屬於什麼階級，撇開宗教奉獻的心意，以一份工作來說，神父的工作其實是很單調的，肯定比任何公務員的工作還要單調。

早上起來，祈禱，盥洗，準備祈禱經文，然後主持彌撒，辦理告解，儀式結束後撤掉道具，重新布置教堂，之後回房看書，或者和前來求助的教友聊天。中午和廚房的阿姨一起做飯，然後祈禱，吃飯，午休時間有人午睡，有人去健身房，有人跟奧力佛神父一樣去游泳。下午各司其職，比如要主持彌撒的，就跟上午的程序一樣，也有像奧力佛神父這樣在外面辦事，去探監、探訪不能出門的病人的。回來以後準備晚上教堂的禱告儀式，進行禱告儀式，辦理告解，接著晚飯時間，基本還是和中午一樣，做飯、祈禱、吃飯，晚上偶爾會上網，看看電視，然後睡覺，怎麼樣也說不上精采。

另外値得一提的是，奧力佛神父原本從年輕開始，就長期派駐在非洲的法國殖民地，所以他剛被調派到泰國的時候，不但不會說泰語，連英語也不會，但是因爲他聽力退化，逐漸變成全聾，所以無法學會有聲調的語言，學不會一共有五聲的泰語，所以他還要從頭學英語。

或許這樣聽下來，原本夢想成爲修士、神父的人，就會打退堂鼓了，因爲聽起來很無聊啊！每天要學外語，用外語主持兩、三場彌撒，幾十年都要天天做重複的事情，當老師、在戶政事務所當公務員的生活，比較起來恐怕有變化多了。

但是我想問的是：這世界上眞有不無聊的工作嗎？

「那是因爲他們是小咖的神父。」我一個朋友念國中的孩子聽了以後，不以爲然地說：「如果做到高位，就像大老闆一樣，那就爽了，要做什麼就做什麼！」

眞的是這樣嗎？我因爲好奇，立刻上網搜尋，在天主教的系統中最「大咖」的，應該是教宗了吧？所以萬人之上的教宗，每天從早到晚都要做些什麼呢？網路上還眞的什麼都找得到，我從德國的一個天主教會網站（www.liborius.de）找到一篇已經因健康原因退休的本篤十六世，他還在任的時候，寫的一篇名爲「教宗每天從早到晚都在做些什麼？」的文章。

原來教宗有幾個跟他「同住」的人，包括祕書、內侍大臣，以及四位和內侍大臣一起負責管理教宗起居的女士們，她們都來自於一個叫做「解救聯盟」（Comunione e Liberazione）的教會政治運動志願組織，就住在使徒宮（Apostolischer Palast）的四樓，教宗則住在三樓的最右邊。

基本上，教宗每天早早就起床，通常是五點到五點半之間。起床以後，來自德國的他會在私人小教堂裡，用義大利語做彌撒，只有很少的人參加。

接下來是早餐時間。用完早飯後，就開始處理信件，簽署任命教區主教的證書文件，然後去做每天的講道。結束後，再次去教堂祈禱，這一次是要跪下來，手平攤在面前，臉則要貼在手上。

每個星期三上午十一點是教宗的公眾接見日，平時他會乘電梯到二樓，來到使徒宮的「第二涼廊」會客。他的客人一般都是國家或者政府領導人，有時候是每五年就會到梵蒂岡來彙報工作的教區主教。一次會面一般需要二十分鐘。

中午在一個簡短的餐前祈禱之後，教宗就開始吃午飯，廚房會把午餐盛在印有梵蒂岡徽章的白盤子裡送上來。午飯後，教宗會在梵蒂岡花園散步，並且在這裡誦念他最喜歡的主禱文。時間趕的話，他就改在使徒宮的屋頂花園散步一會兒，然後他就會走回他的寫字檯，在他的窗下總是時不時的有人高呼：「Benedetto!」（義大利語「祝福您！」的意思）

下午五點以後跟現任羅馬教廷總管會談。

晚上教宗通常會在他的臥室裡和他的祕書一起看義大利Rai 1電視台的新聞節目TG1（TeleGiornale 1的簡稱），偶爾也會有他的老朋友到訪和他一起吃晚飯。通常飯後，教宗又會繼續回房間讀書或者工作——學術研究是教宗日常工作的重點。晚上十一點左右，熄燈就寢。生活不僅相當規律，簡直就有點無聊。

想像中位高權重、呼風喚雨的教宗，他每天「上班」時間怎麼樣也稱不上精采，就算裝一個直播電視的話，恐怕收視率絕對不敵四川熊貓基地的二十四小時線上直播《熊貓頻道》（http://live.ipanda.com/）吧？

原來世界上根本沒有分分鐘鐘都精采的工作。

老實說，無論再如何有趣的工作，工作中大多數的細節都是無聊的。**工作的單調其實不是問題，真正的問題是做不好。**

第3種視野工作語錄
每份重要的工作，
都有應該遵循的規律。

第3種視野工作語錄
世界上根本沒有分分鐘鐘
都精采的工作。

哪來那麼多不行？

自我設限的話，你就完了！

看看缺一條腿的奧力佛神父吧！身爲一個清高的天主教神父，每天下午不但裸露著身體，還暴露出難看的斷腿，跟著所有人一樣在大學游泳池游泳，萬一在游泳池中遇到平常去望彌撒的教友，難道不會很尷尬嗎？

無論任何宗教，只要是神職人員，不只是工作，每天的食衣住行一定都受到許多傳統規定約束，再仔細想想，職業軍人、公務人員、政治人物、明星藝人不也是如此？

如果一份工作，大部分的時候都是受到規定限制的，一定很難伸展吧？而且就像政治人物一樣，並不是像一般人的想像中，位階越高，就越能夠自由地揮灑，反而往往有更多的牽絆。

「你也算是半個公眾人物，你不會覺得出門總是搭公車、捷運，騎ubike，被認出來的話很不自在嗎？」我不知道被問過多少次這個問題。

每次我聽了都笑著說：

「你想太多了。」

實情是，如果連我這麼平凡的小人物，日常生活都不能自由自在地面對自己，動輒綁手綁腳，那麼在丹麥怎麼辦？現任女首相海勒・托寧・施密特（Helle Thorning-Schmidt）總是穿著一身華麗的Gucci套裝騎自行車上下班，王儲腓特烈（Frederik André Henrik Christian）每天早上騎加裝兒童座椅的腳踏車載小孩去上幼兒園，豈不是天天都要上雜誌的八卦版面？

德國總理梅克爾（Angela Merkel）在柏林自己上超市買菜，所以訪問成都的時候，也若無其事到「神仙樹農貿市場」花了五塊錢人民幣買了老闆推薦的郫縣豆瓣醬和一兩八角的辣椒，自己掏腰包付錢，我相信這並不是作秀，而是這本來就是梅克爾的日常生活。

很多人總是拿自己的工作有很多限制，動不動抬出「所以只能這樣」作爲缺乏具體行動的藉口，我都忍不住想，連一舉一動都在眾人眼光底下接受檢視的丹麥王子跟德國總理，都沒有這麼多的不行。我們工作上總是用這個規定、那個上司來限制自己，無論再怎麼有意義的工作，都會變得單調無聊，處處都是地雷。

如果工作、生活，有那麼多的不行，就沒有活著的感覺了啊！

把了不起的小事情，做到最好的人

在奧力佛神父的「職場」，最壯志難伸的，肯定是跟奧力佛神父同屬耶穌會士的現任教宗方濟各吧！

奧力佛神父就算少了一條腿，還可以自己騎摩托車在清邁四處自由行動，中午還可以到大學的游泳池游泳。那麼教宗呢？

當方濟各被派為阿根廷布宜諾斯艾利斯的總主教時，並沒有改變他的日常生活。仍然搭公共交通工具穿梭於市區，迴避參加達官貴人的慈善活動、宴會和社交聚會，放棄特權，拒絕搬進位於總統府附近、坐落歐利佛斯區的華麗總主教宮，連接見所有訪客都是自己安排行程。

受冊封為樞機主教時，他甚至拒絕為了新職位而量身訂做新衣，只是請裁縫把前樞機主教的祭衣改成自己的尺寸，甚至婉拒了一群想陪他到羅馬參加樞機主教冊封儀式的教友，要求他們將交通費用捐贈給需要的窮人。

但是一旦成爲教宗，除了出國訪問的行程以外，幾乎日日夜夜都關在梵蒂岡的城堡中，這下方濟各插翅難飛了吧？

但是在他上任滿一年的時候，對於保守的天主教會通常沒什麼好話可說的《經濟學人》週刊雜誌寫了一篇專文讚譽有加，《時代》雜誌選他爲年度代表人物，但是特別讓我注意的是，網路上看到一位Mark Pygas寫的文章，標題是「我知道方濟各教宗很不錯，但是當我發現他接任教宗一年內所做的事後，我簡直太震撼了。」他列出的項目中，有些我增加了些細節說明，包括：

1.公開檢討教會的浪費。原來如果他不改前任樞機主教的舊袍子，一件祭衣竟然要兩萬塊美金，也就是六十多萬台幣！一個花了三萬美金做大理石中庭的德國主教，也被教宗點名說明這錢是怎麼花的。

2.在公開場合邀請一個叫做Alberto di Tullio的唐氏症十七歲病友，一起搭教宗專用、向來神聖不可靠近的座駕，而且還緊緊地擁抱這個年輕人。

3.他公開擁抱Vinicio Riva，一位因爲自己的遺傳「多發性神經纖維瘤」疾病而每天受疼痛所苦，並且因爲外貌變形從小到大被眾人嘲笑的男人。

4.對於天主教會向來撻伐的同性戀議題，教宗多次強調，沒有任何信徒有權力去對同志干涉、或是做道德評斷，就算他自己尊爲教宗也不行。他說：「如果一個人是同性戀，心懷善意地來尋求神的指引，我又憑什麼指責他？」

5.他在少年監獄舉辦了大型彌撒，同時幫其中十二位少年犯洗腳，並且親吻他們的腳，更讓人吃驚的，洗腳的對象包括女性跟伊斯蘭教徒，這更是史無前例。

6.他在訪問巴西時，特別呼籲保護亞馬遜雨林，跟雨林中的部落成員站在同一線上，希望農夫和牧民不要繼續砍伐原始森林。

7.每年都有幾千人寫信給教宗，但是當他收到一個被阿根廷地方警察性侵的四十四歲婦女的信時，教宗親自打電話安慰她，讓她知道自己其實並不孤單。

8.教宗晚上常常溜出梵蒂岡，穿著普通神父的衣服，跟他的神父朋友在羅馬街頭爲街友送餐。

9.教宗在二〇一三年十月，拍賣他心愛的哈雷重型機車，所得全數捐給了羅馬的一個街友收容中心。

10.他公開說無神論者如果做好事，當然也可以是好人。

11.他公開批評貪婪的華爾街金錢遊戲，讓窮人變得更窮，而人心被物慾所充滿。他說：「錢應該拿來爲人所用，而不是用來控制人類的。」

12.教宗一反過去教廷的高姿態，公開承認並且爲教會長久以來的兒童性侵醜聞道歉，以及誓言要徹底改革，讓這樣的事情不再發生。

13.他譴責敘利亞內戰使用生化武器的不人道戰爭，並且強調戰爭只會帶來更多的戰爭，從來不會帶來和平。

14.傳統上一個新教宗上位，梵蒂岡的職員都有「分紅」的傳統，但方濟各決定把這筆莫名其妙的錢，直接捐給慈善組織。

15.教宗甚至公開批評教會對於墮胎、同性婚姻、避孕這些議題過度關注，沒有將重點放在傳播愛、強調道德、幫助窮人跟弱勢者這些重要的事情上，還指責那些拒絕爲單親媽媽的孩子施洗的神父根本就是「心態不正常」。

16.教宗參加了伊斯蘭齋戒月圓滿的儀式，同時說天主教跟穆斯林信的神是同一個，大家應該互相尊重。

17.他不介意跟一群年輕人玩自拍。

18.他邀請了一群街友參加他低調的生日餐會。

19.他拒絕保安把衝到台上擁抱他的孩子強行拉走，甚至讓他留在台上。

有些人或許會說「這些都很普通啊！換成我也會這麼做！」

確實，這些事情對於市井小民來說或許都是常識，沒有任何驚世駭俗之處，但能夠在一年之內證明教宗可以是不跟現實脫節的人，超級保守的梵蒂岡教廷竟然可以有常識，卻不是一件簡單的小事。

方濟各雖然沒有像其他教宗那樣嘴上口口聲聲說要「謙卑」和「簡樸」，但他親身開著一九八四年款工人階級的雷諾舊車，說明了一切。他就職後沒有像前任教宗那樣，住進可以俯視聖彼得廣場的使徒宮裡的教宗寓所，卻選擇了簡樸的聖瑪爾大之家的二〇一號房間（聖瑪爾大之家相當於梵蒂岡內的旅館，用於接待來訪的神職人員和其他訪客），這不但讓教宗可以繼續保持跟眞實世界接觸，不會與現實脫節，也改變了世人對於梵蒂岡教廷令人生畏的形象，因此贏得了遠遠超出羅馬天主教範圍的人心。就像瑞士神學家孔漢思說的：「我認爲衣著簡樸，改變儀式以及完全不同以往的聲音並不是無關緊要的。實際上……這已經很多了。」

老實說，我不怎麼在乎天主教會，甚至不太在乎任何特定宗教，但是我敬佩那些把了不起的小事，做到最好的人。

喜事跟喪事，原來是同一件事

無論是領導者，或是平凡的辦事員，其實每天在工作中，這兩種外表看來天差地別的地位，做的卻大多都是例行瑣事，真正帶來區別的，**並非職位的高低，而是將瑣事做好的能力**。

要不是這樣，這個世界上，不會分別有受人愛戴的領袖，或是沒什麼人氣的領袖，無論宗教領袖、企業領袖，或政治領袖都如此。

但無論如何，教宗、總理、首相的頭銜，聽起來都是無比尊貴的職位。如果換成殯葬業者呢？還是公務員呢？聽起來就難以點燃熱情吧？就算你覺得可以，進一步想像將兩者結合，這輩子的職涯，是一個專門負責處理殯葬事務的地方公務員，你還有沒有把握能夠天天朝九晚五，充滿熱情地做到最好？

我最近跟一位在高雄市政府的殯葬管理處企劃課工作了八年的朋友阿志聊天，他看待自己職場生涯的方式，給了我很大的啓發。我們的對話是這樣的：

「我記得最近澎湖空難你有參與處理。」

「是啊，」阿志說，「高雄的氣爆事件也有。高雄經驗多，空難跟氣爆讓我們忙翻了，但也正因爲這樣，內政部還請我們要擬SOP供其他縣市參考，如果以後再有災變，其他縣市殯葬業務同仁就知道該如何應變。」

「咦？這種事情要誇獎你經驗豐富，好像也很怪啊！不過好像確實就是如此。」

「因爲澎湖空難的罹難者，除了澎湖當地人之外，最多的就是我們高雄人，光是遺體送到高雄就有二十一人，設籍其他縣市的只有四人，跟兩位外籍人士。」阿志說，「所以事發以後，我們從旅客名單中，知道很多罹難者是高雄人，就趕快透過全聯會幫忙修復遺體。」

「全聯會是什麼？不是超市嗎？」

阿志笑了出來，「什麼超市！就是中華民國葬儀商業同業公會全國聯合會啊！殯葬這個領域有分禮儀服務業跟設施經營業，全聯會其實就是國內殯葬禮儀服務業者的統一窗口，簡單來說就是針對告別式前端這部分，殯葬設施才是納骨塔和公墓這些。我們都會跟公會不定期開會，包括跟他們討論修法、或政策執行等，所以平常就有往來。」

「眞是隔行如隔山啊！」我也笑了，半認眞地說，「像我這種沒有專長的人，最怕人家跟我賣弄專有名詞了啊！」

「因爲空難的家屬當場肯定手足無措，所以雖然這些事情應該家屬自理，但是我們至少先幫罹難者做遺體修復，這樣家屬看到屍體的時候，才不至於更難過。」阿志這麼說的時候，我突然第一次感受到他雖然若無其事地這麼說，其實是一個很細心的人。

「可是這種空難或是氣爆的災難，不在你們平常的業務範圍，怎麼會接觸到遺體修復呢？」我還是不大明白。

「因爲要當禮儀師的資格，其中一項是必須有喪禮服務職類乙級技術士證，我跟科長就是乙級考試的監評老師，我們自己也要受訓通過考試才能當監考官，其他監考官還有業者跟其他中央、地方政府的同仁。考試內容除了筆試現行法規政策、訃文撰擬，術科部分還要考大體的洗身、穿衣化妝，到靈堂布置與奠禮主持等，所以當然跟業者都認識。這次事件是我第一次遇到，事發以後就趕快找公會理事長，請他去找澎湖和高雄的業者多幫忙。」

「雖然你們是好意，但是難道你不擔心家屬會去跟媒體爆料，說政府圖利廠商嗎？」我突然爲阿志擔心了起來。

「殯葬處的平常業務就在處理這些呀！幫家屬看業者合不合法，幫家屬訂禮廳之類的，以這次空難來說，沒有仲介任何一家特定業者，而是請公會統一處理，所以不會有問題。家屬當然可以選擇業者，但不是人人都有認識的業者，搞不好很多現代家庭根本沒有辦喪事的經驗，所以遇到臨時的空難，我們先拜託業者在那邊先處理修復的工作，若不滿意當然可以運回家再處理。而且我們跟家屬說清楚，依殯葬管理條例規定，如果業者擅自處理遺體而索價，家屬是可以拒絕付錢的，所以整個過程沒有任何一宗糾紛。」阿志有點得意地說，「而且業者後來決定情義相挺，遺體修復完全免費幫忙，沒有跟家屬收費一分一毫，也因爲這樣家屬很感動，就讓他們接手後續的告別式，一場告別式大概要三十萬，所以這也是互相啊！」

第3種視野工作語錄

如果工作、生活，
有那麼多的不行，
就沒有活著的感覺了啊！

第3種視野工作語錄

真正帶來區別的，
並非職位的高低，
而是將瑣事做好的能力。

我也是因爲阿志，才知道高雄市殯葬管理處對設籍當地的空難罹難者，提供免費使用殯儀館，火化免費，連進當地公立的納骨塔也免費，高雄很阿莎力地這麼做以後，內政部覺得這是恰當的做法，因此要求台南和台北也比照辦理。幫喪家省了幾十萬當然不是一筆小數目，但更重要的是在非常時期，照顧了罹難者家屬受傷的心。

「這跟平常經常處理瑣碎的業務細節，功夫練就有關係嗎？」我問。

「高雄殯葬處有自己管理的殯葬設施，所以同仁本來就是每天第一線服務民眾，大到風災，小自同事家裡有人過世，都會先問我們。申辦業務眞的超級瑣碎，但是做多、做久以後，就會發現還可以做得更精細的地方，知道怎樣做可以幫家屬省錢又環保，比如正在推『節葬、潔葬』，在服務民眾時順便宣導，如果民眾覺得經驗不錯，來參加告別式的親友也會感同身受，就會有更多人認同環保葬、電子輓聯、聯合奠祭這些服務與概念。

所以在這次澎湖空難應變中心裡，其他單位第一時間完全不知該怎麼辦，或者說不知道半夜被叫去值班要幹麼，還問我們何時舉辦法會比較好，我們科卻能立刻掌握狀況，比如法會當然就是頭七，是人死後第六天晚上要辦的，這些對我們來說是很理所當然的常識，卻是很多人完全不知道的細節。因爲之前有處理過幾次大災變，想到澎湖不像台北、高雄，禮廳數和冰櫃數都不像都會區那麼多，第一時間就想到調度冰櫃是很重要的，而且要運冰櫃就得找陽明海運，所以在第一時間通知交通部聯絡陽明海運送冰櫃過去。一般外界不知道的是澎湖機場無法讓能載冰櫃和SNG車的大型飛機起降，所以只能靠海運……」

「感覺上超專業的啊！」聽到這裡，我的語氣裡忍不住透露出崇拜。

阿志摸頭笑著說，「沒有啦！殯葬科的業務本來就比一般行政業務要瑣碎，又有很多傳統禮俗眉眉角角的，所以我們可能的確是因此而比較**有緊急應變的能力，跟整合資源的能力**。但最重要的其實是，我會站在亡者及家屬的角度去看。」

會在第一時間想到遺體修復，希望帶給家屬一些安慰，絕不是局外人如我能夠想得到的細節，但經過這麼一提醒，確實無比重要。

聽阿志說完這些過程細節，我忍不住想，從小的願望就是要考試當公務員的人肯定不多，因爲台灣的公務員在一般人的心目中，似乎只能接受命運擺布，被分派到哪個單位，就要學做什麼事，跟自己所學的專長，或是自己的熱情所在，似乎沒有什麼必然的關係。每個上班日，朝九晚五一直做重複的瑣事，直到退休爲止，彷彿除了生活保障跟退休金之外，這樣的工作在外人眼中沒有什麼値得稱道之處。萬一好不容易考上以後，卻跟我的朋友阿志一樣，分發到墓政管理課，或是殯儀管理課，變成從事殯葬業的，大概沒有幾個人會覺得美夢成眞吧？

但是正因爲我認識跟我一樣念公共政策出身的阿志很多年，知道他不但是有夢想的人，更不是一個會允許自己浪費人生的人，私下甚至是一個非常浪漫的人，因此這樣暴走的公務員生涯，他是如何自處的？

阿志說這八年來平衡自己的方式，是在上班之餘還兼任「婚禮顧問」，因爲不是固定的兼職，也沒有領固定的薪水，所以沒有違反公務員不能兼職的規定。這份假日工作雖然賺不了什麼錢，但能夠多認識人，又能寫寫文章，主持婚禮也可以趁機練口條，覺得上班辦喪事，下班辦喜事的人生，其實很不錯。

「這兩樣未免也差太多了吧？」我差點把還沒呑下去的水從鼻孔噴出來。

「其實我覺得辦婚禮跟辦告別式一樣耶！」阿志理所當然地說，「反正都是要會場布置，也都要邀集親友，都要當主持人，也都需要場控和協調家屬。只是每次無論哪一邊的客戶誇說：『阿志！你怎麼會這麼有經驗！』我都不能老實跟他們說，其實我的經驗都是從另外一邊學來的。」

第3種視野工作語錄

學會站在對方的角度來考慮，
並且把瑣事做好。

聽完之後，我也忍不住笑了。

從小**我們都以爲自己長大以後一定會做些什麼「了不起的大事」**，眞的長大成人以後，卻發現這個世界上，眞正做得到大事的，其實沒有幾個人，但**每一份工作的極致，其實都是能夠每天做好「了不起的小事」**。無論是公職人員或私人企業，工作到頭來都一樣，就是要**學會站在對方的角度來考慮，並且有能力把瑣事做好**；看清楚事物的本質，就會發現，原來無論喪事、喜事，其實都是同一件事。

這是思考工作終極意義極爲珍貴的一課。這堂課，不是哈佛商學院的教授教我的，而是一個隱姓埋名的台灣公務員，幫助我看清工作本質的瑣碎，以及瑣碎之必要，他每天都做著沒有人看到的「了不起的小事」。

工作的奧義盡在瑣事之中，這個道理，我永遠都不會忘記。

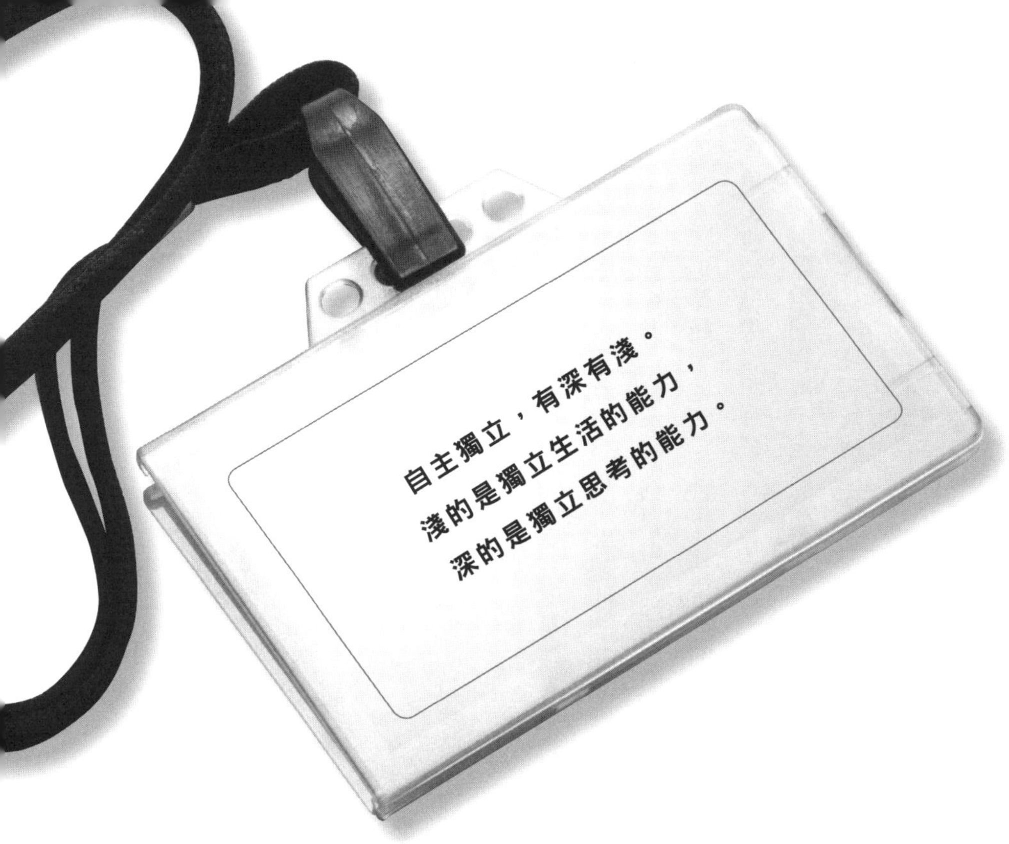
自主獨立，有深有淺。
淺的是獨立生活的能力，
深的是獨立思考的能力。

第 4 種視野

透過工作學習獨立

游擊隊
設計文創商品

我在緬甸工作時，除了分內的工作，也會時常遇到雖然跟自己的工作不相關，但覺得很認同，而忍不住插手的計畫。

「克欽邦獨立反抗軍的潮衣」就是這其中的一個。對於不熟悉緬甸的朋友，可能從來沒有聽過克欽邦。克欽邦是緬甸北邊的一個少數民族自治區，很不幸地，自從二〇一一年中開始，過去的停戰協議失去約束力，地方的獨立軍與政府軍方從此陷入內戰之中。戰爭這件事，其實很難簡單地判定孰是孰非，否則也不會一發不可收拾，但唯一可以確定的是，不論戰爭最後的結果誰勝誰負，一般的平民老百姓絕對是最大的輸家。

因爲戰爭的緣故，克欽邦有十幾萬人無家可歸，長期住在當地教會安排的難民營裡，克欽邦的年輕人，沒有辦法正常上學，自然無法順利取得畢業證書繼續順利升學，當地也沒有工作機會讓他們可以發揮，只能靠著國際人道救援組織的援助金度日，未來就算戰爭結束，他們恐怕也無法順利地銜接這個社會的學制或是就業市場。這件事情，其實比戰爭本身更令我在意，因爲這無辜的一整代人，可能就因此被時代犧牲了。

我有朋友在當地的NGO組織，想鼓勵這些沒有辦法升學、也沒有工作機會的年輕人，想辦法將命運掌握在自己的手中，於是幫助他們組成了一個青年和平工作組織。每個禮拜的聚會，討論如何幫助難民營裡面的需求，如何協助開戰的雙方進行停戰談判，並且計畫停戰以後要如何重建，包括很多重要的細節，比如說未來克欽地方的健康保險制度，應該如何規畫等等。我相信他們在這個自救組織裡面所學到的，恐怕比世界上任何一所大學能教授他們的還要多。

問題是，這樣的非營利組織，要如何有足夠的財源可以支持這些重要的聚會，以及他們想要完成的計畫？過去以來，他們總需要靠其他非政府組織的資助，才能勉強繼續，但是不太可能有多餘的錢，支持他們去做田野工作。而且戰爭的時間長了，一開始收到的同情心跟關注變得越來越少，經營也變得益發困難，終於到了一個關卡，這些年輕人必須開始思考，要如何才能夠讓這個組織的**財務獨立**，**自己養活自己**。

要求一個非營利組織不要靠募款，要自己掙錢，即使在先進國家，都還是一個很革命性的新觀念，也很難付諸實現，更何況是一群戰火下，對外封閉的少數民族年輕人？

但有個很棒的想法，在這樣一次又一次的聚會當中，通過激烈的辯論逐漸誕生了。因爲這些年輕人，就像任何地方的年輕人一樣，從小在盜版韓劇DVD光碟和好萊塢影片的洗禮下長大，就算沒有錢，也都非常注重自己的外表，非常愛美，可惜在鄉下，又在打仗，根本買不到什麼「潮」的商品，於是他們的自力計畫就是：乾脆由他們自己來設計實用的時尚商品！

我們一群朋友，覺得這是很棒的點子，年輕人只要有第一筆啓動資金，就可以開始用第一批產品的收入，來支付第二批所需要的成本，以此類推，漸漸就可以走上自力更生的道路，甚至可以歸還一開始的啓動資金。而年輕人從毫無經驗開始，可以學習如何設計出好看實用的商品，如何銷售，如何估算成本，如何退換貨，處理囤貨，如何發包，如何定價，如何做品質管制，如何預估不同尺碼的商品數量，還有現金流的管理等等，這些繁瑣的細節，都是他們從來沒有接觸過，過去也從來沒有人教導他們的。

這第一筆啓動資金，其實是我幫他們向一個住在韓國首爾的學生時代超級好朋友阿涼募來的十萬塊台幣。

他們運用這筆錢，做了四種款式各二十五件毛線衫，款式雖然不同，但共通的是他們引以爲傲的克欽獨立反抗軍的標誌，都設計在衣服顯眼的地方，變成裝飾的圖案。這批衣服做好以後，年輕人們自己穿著充當模特兒，並且PO在自己的臉書上，在他們可以觸及的朋友圈子裡，開始了人生第一次的口耳行銷。

這批前所未見的大膽設計，立刻得到各種反饋，有人覺得很喜歡，也有人覺得旗幟太大，小一點比較好看；有些女生穿上看起來很漂亮的衣服，卻發現旗幟上的那兩把大刀正好壓在肚子上，好像被打了一個大叉叉造成壓迫感，所以需要在設計上調整；有人說不要圓領，可不可以開V領比較有時尚感；也有些人覺得衣緣的紅線線條太粗，要細一點比較好看……。雖然第一批成品未臻完美，但已經足夠讓渴望購買的客戶搶購一空，於是他們用這筆收入付清了成本，得到他們應得的費用之後，繼續用這筆錢設計新一批的改進版，這次做了一百五十件，果然又一下子就賣光了。

受到這樣的鼓勵，他們開始設計各種產品，像是足球隊服、毛線外套、T恤、圍巾、毛衣等等，不到幾個月，已經創造了八個全職的工作機會，逐漸增加的販賣收入盈餘，也變成他們每週克欽邦和平組織工作會的基金。我甚至也跟來自台灣的志工，在北一女中任教的秋瑾老師合作，一共選出五款，幫忙在台灣的臉書朋友圈中義賣。

「全世界恐怕沒有聽說過做文創商品的游擊隊吧？」我每次跟秋瑾老師聊到這個計畫，都忍不住哈哈大笑。

給一份自立的經驗

游擊文創產品計畫期間，我也時常收到熱心的朋友詢問，要不要幫忙推銷，但是都被我一律回絕了。朋友當然覺得很奇怪，既然要義賣，不是能夠賣出越多越好嗎？怎麼我這麼難相處？

我還記得當時，是這麼回答其中一個熱心的朋友的：「因為我不是覺得賣出越多越好，只是希望買的人覺得做了一件特別的事情。要不然找到一個很有錢的大老闆，認購一千件送給員工一人一件不就好了嗎？」

「對啊！這樣不是很好嗎？」我的朋友聽到這個提議，立刻興奮起來。

「不過既然有大老闆願意贊助，還要那麼麻煩幹麼？直接請他捐一筆錢就好了啊！做衣服還要成本、要管銷、要運費。」我接著半開玩笑說。

「對對對！這樣更好，不是嗎？」我的朋友拍手稱好。

「但那就完全變成另外一回事了，不是嗎？」我臉色一沉。朋友肯定覺得熱臉貼了冷屁股，不甘不願地說：「所以只要順著緣分嗎？」

「說成緣分未免也太玄，其實我相信因爲這樣的事情，需要一定程度的直接體驗，比如說直接透過朋友的臉書，另外曾經到緬甸當過志工，或是以前募款有贊助過，募集二手相機給當地人記錄戰爭實況時有捐過3C產品等等，這些跟當地不幸的現實有過直接接觸的方法。但如果完全沒有這一層直接體驗的話，就只是許多義賣訊息當中的一個，世界上有那麼多弱勢團體都在賣東西，對一個從來沒有聽過克欽邦的人，老實說這件衣服就只是一件衣服，並沒有什麼特別之處。」

其實我沒有說的，還有兩個擔憂，一個是如果把這個義賣做得太成功、大盛大，難保不會對其他需要幫助的團體產生排擠效應。

另外一個擔憂是，如果他們突然接到一個大訂單，這些克欽年輕人爲了這個計畫有了過度期待，雇用了很多人來生產這一批貨，但是沒想到後續卻沒有了，像煙火那樣僅璀璨一次就回到黑暗的夜空之中，那這些年輕人受傷的心又該怎麼療癒？

這位朋友相當有雅量，並沒有因爲被我潑了一桶冷水而惱羞成怒，反而很有肚量地說：「嗯，我懂，你說得有道理，其實在印度也是這樣。我在一個剛成立的印度婦女團體當志工，是我自己忘了。

我比較想瞭解的是你覺得剛好的標準會是在哪裡？有時候我抓不穩怎樣的規畫才是適合他們的，當然有時候自己也感到迷惑，當我用人力、資源、時間的因素來說服他們，卻覺得我們的期待很難得到共識，他們不見得能理解我的用意，你是怎麼知道那個尺度在哪裡？」

我想了一下，笑著回答說：「我的尺度很簡單，就是『**一點點就好**』，剛剛好讓想努力的人可以做到想做的事，但是吸引不了不想努力的人。

我相信透過這個計畫，**眞正能夠給年輕人啓發的，是一份自立的經驗，而不是錢**。所以我設定的目標，是每個接觸的人，無論是設計這件衣服、還是穿這件衣服的人，都有一個美好的經驗，而不是透過這件衣服，變現成很多錢。

我比較注重的是經驗，比較不注重結果。」

「嗯嗯，我有點抓到重點了。」這位朋友也笑了，「我就是太績效導向，要改！你給了好概念，謝謝。」

第4種視野工作語錄

年輕人必須開始思考，
要如何才能夠讓這個組織的
財務獨立，自己養活自己。

第4種視野工作語錄

真正能夠給年輕人啟發的，
是一份自立的經驗，而不是錢。

很多人想改變世界，卻不想改變自己

經過這樣的對話，我發現很多成年人其實沒有意識到，眞正的獨立其實有兩種。自主獨立，有深有淺，淺的是獨立生活的能力；深的是獨立思考的能力。一般人都只追求第一種淺的，就是所謂的「經濟獨立」，卻忘了第二種深的，那就是讓自己「思考獨立」。

這兩種獨立都非常重要，而且都是越早越好。

只有準備好自己看法的人，才有舉手問問題的資格。

跟這位朋友談話之後，我更加深信一貫的想法。其實**只要一秒鐘，就可以改變世界。因爲改變觀念，就是改變世界**。

我的這位朋友，如果一聽到我的回答就很生氣，「怎麼好心要幫你募款，你還拿翹？」那麼我們可能就不會有這樣深入的討論。但正因爲他自己不但是個有經濟獨立能力的社會人，而且是有獨立思考能力的人，所以才能心平氣和地改變他對於「行善」的看法。

但我同時發覺很多在台灣傳統教育制度下成長，然後進入上下絕對服從的職場的年輕人，或許有「經濟獨立」的能力，卻沒有這種「思考獨立」的能力。

或許有人聽我這麼說會很生氣，「台灣的教育制度爲什麼只有教我們畢業以後如何賺錢、找工作，卻沒有教育我們成爲有獨立思考的人？」

我在一次針對國際觀的演講中，用過亞洲開發銀行（ADB，簡稱「亞銀」）的例子，說明台灣因爲教育制度跟政治因素雙重因素，高等教育沒有訓練出足夠多今日國際需要的人才。說完後，我故意語氣很輕鬆地問在座的兩、三百個台灣來賓一個問題：

「有機會的話，你會鼓勵子女出國發展嗎？」幾乎所有看起來像是家長的中年人都舉手，甚至還有舉雙手的。

「想去美國工作的舉手？」也有一半以上的來賓都舉手了。

我接著又問：「如果是去菲律賓工作呢？」來賓席上爆發出一陣笑聲，好像我說了什麼很可笑的笑話。全場只剩下一位來賓的手還舉著，是一個年輕人，我問他爲什麼，他說：「因爲我高中是去菲律賓念的，我覺得那裡很國際化，有機會我還想要再去。」

然後我笑臉一收，正襟危坐地對全場說：「亞銀總部偏偏就在菲律賓首都馬尼拉，除了這一位有菲律賓經驗的年輕人，在座沒有其他人嚮往到菲律賓工作，優秀的國際組織當然不會想要雇用抱著歧視這樣深的台灣人，來做開發中國家的經濟及社會發展。」

你也看不起菲律賓嗎？就這樣，你，不但失去了年薪四百二十萬的資格，也失去了學會跟世界平起平坐的珍貴機會。

你或許聽過亞銀，但是你可能不知道亞銀在做什麼，也不知道台灣不但是會員國，而且還是創始會員國。

亞銀創立於一九六六年，會員國計六十七國，宗旨在促進亞太地區開發中會員國的經濟及社會發展，職員都來自會員國，一共超過三千名。

但是我要說的故事，其實不是亞銀本身，而是每隔幾年，亞銀都會定期來台徵才，尋覓財務、會計、社會發展、資訊、都市更新、環境工程及氣候變遷的各種專業人才。對象包括碩、博士在校生，以及具研究所以上學歷、至少八年工作經驗的在職專業人士，年薪七萬多美元起跳，折合約新台幣兩百四十萬元。如果有十五年工作年資的話，薪水甚至可以到十四萬美元，也就是新台幣約四百二十萬元，而且比照其他國際性金融組織，薪資及福利均免稅，另外還提供包括房租津貼及子女教育補助等相關福利。

台灣有碩士學位的工程、農業、律師、財經領域專業人士何其多！以這樣的優厚條件，還怕履歷表不會像雪片般蜂擁而至嗎？

這個理論上兩年一次的徵才活動，通常分成兩天，第一天舉辦兩場說明會，介紹亞銀工作內容及環境，第二天則從應徵者中篩選合格者面試。你一定會很驚訝，二〇一三年初的這次徵才，我注意到一共有三百多位應徵者，但篩選合格有面試資格的，卻只有十幾位。在這之前二〇〇九年那一次來台徵才，當時獲得面試機會的人數也只有二十多人。

這麼好的工作，爲什麼只有三百個人應徵？這麼好的工作，爲什麼符合面試條件的人這麼少？

亞銀官員很含蓄地表示，亞銀所需要的人才範圍很廣泛，因爲台灣是創始會員國，所以也有一定的配額雇用台灣籍的專業人士，但是往往招不滿配額，建議台灣的學生與專業人士能夠多「提升語言能力及加強專業職能」，尤其歡迎具備海外工作經驗或曾任職國際組織的人士，積極爭取任職亞銀。

實際上，目前任職亞銀的台灣人，一共只有四位。

超過三千名員工中，創始會員國的台灣籍員工，竟然只有四位！

半個世紀以來台灣的發展跟對教育的重視，理論上應該已累積具備國際水平的人才庫，可以跟國際需求接軌，但是這樣的徵才活動像是一面照妖鏡，我們站在國際裁判面前，看到的是台灣因政治因素在國際組織長期缺席，導致台灣人才缺乏參與國際機構的磨練機會，台灣的教育也因爲沒有將人才培育的重點放在國際機會（除了少數專門準備應考美國正式RN護士資格的護校之外），缺乏語言能力跟實務經驗，而遠遠地落後其他亞洲國家，像是……你以爲我要說「新加坡、日本」嗎？你錯了，我要說的是「菲律賓、孟加拉」。

要具備亞銀需要的語言能力與實務經驗，或許需要許多年的時間，但是改變身為台灣人對於菲律賓，或是其他東南亞國家、開發中國家根深蒂固的歧見，卻只要一秒鐘。

很多人都想改變世界，卻不願意改變自己。這是為什麼自從學生時代開始，我就直接將印度聖雄甘地說的「Be the change you want to see in the world.」（成為你想在世界上看到的改變）作為我的座右銘。口口聲聲說想要花一輩子的時間改變世界，但是卻不願意花一秒鐘改變自己觀念的，或許是世界上最頑固、最不幸的人。

第4種視野工作語錄

只有準備好自己看法的人，
才有舉手問問題的資格。

第4種視野工作語錄

很多人都想改變世界，
卻不願意改變自己。

吃飽重要，還是好吃重要？

說完了思考獨立，我想說一下我對經濟獨立的看法。

我在緬甸有一個同事K，能力相當強，自視也相當高，他從泰國最優秀的朱拉隆功大學政治研究所畢業以後，回到仰光全職在一個英國的NGO組織政策分析組工作，這份工作雖然很有意義，他也很喜歡，但是薪水並不高。

爲了賺外快，他不時會接口譯的案子，幫助其他國際NGO組織的訓練講師，或是BBC等國際新聞媒體記者，做英語跟緬語之間的翻譯，週末兩天工作下來，翻譯費的收入往往相當於他全職工作一個月的薪水。

這份英國機構的工作合約期滿時，我自告奮勇，推薦他跳槽到美國政府的援助機構USAID底下的執行單位去。

「我幫助翻譯的國際勞工組織（ILO）主管，時常說只要他們單位有正式翻譯職缺的話，會幫我安排跳槽去那裡上班。」他這樣跟我說。

「那你有沒有考慮呢？」我問他。

「沒有。」他立刻搖頭。「因爲當翻譯雖然可以賺很多錢，但並不是我的興趣所在啊！」

「雖然在很多緬甸同儕的眼中，K君是一個驕傲的人。但是他是一個知道自己要什麼的人，而他要的，不只是錢。」在我的推薦函裡，我是這麼寫的。

我於是放心地向USAID推薦這個人選，K也很順利地就被錄取了。

我完全可以理解K的心情，因爲我自己也是這樣的人。

有時候我接受廣告商的邀約，進棚拍攝一、兩個小時，費用遠遠比我在緬甸NGO辛苦工作一整個月的薪水還高。拿到支票的時候，我當然很開心，但是如果要我辭掉工作，留在台灣多接一些媒體工作，甚至主持電視節目，好好掙錢，卻是我一點也無法想像的事。

記得我的公務員朋友阿志嗎？他平常在政府機關處理殯葬業務，假日卻是婚禮顧問，兩份似乎完全衝突的職業，讓我開始重新思索主業跟副業這件事。

如果沒有這份每天接觸喪事的主業，他不會那麼珍惜這份可以接觸喜事的副業。

反過來說，如果他沒有堅持犧牲休假日去主持婚禮作爲調劑的話，他可能遲早會受不了無窮無盡面對死亡的這份正職，雖然作爲婚禮顧問根本賺不了什麼錢，但公務員的薪水卻是相對穩定豐厚的。

因爲到頭來，這跟錢多、錢少，關係其實並不大。

「薪水低，到底有沒有關係？」

我每次聽到有人問這個問題，都覺得這個問題問得不大清楚，因爲重點應該是喜不喜歡這份工作。

我們這個世代，很幸運地生活在沒有糧荒的時代，然而對於飲食這件事，如果一定要從中選擇一個的話，你覺得究竟是吃飽重要，還是好吃比較重要？

再忍10年，就可以退休環遊世界嗎？

過去的時代，爲了收集招待客人一餐所需要的食材，可能要騎著馬到處奔走才能張羅得到，這是爲什麼用完餐後，以「ご馳走さま」來表達謝意，謝謝主人的奔波勞頓，找到這些來自四面八方好吃的東西，聚在一張桌子上。

如果只是爲了要吃飽，跟平常一樣，那主人就不需要「馳走」了，只需要比平常的分量多煮一些就可以。

正是這樣的區別，因此一直到現在，比較傳統的日本士紳，對於飲食的觀念還是相當慎重。比如說明明肚子餓，但口袋裡的錢有限的時候，也會愼重其事地把身上的飯錢，大多拿來買一點價格昂貴，卻非常想吃、也非常好吃的東西，像是一小份生魚片，或是兩顆美味的牡蠣，就算吃不太飽也沒有關係，但是身心都因此得到了滿足。

在這之後，回家的路上才在車站前面停下來站著吃一碗路邊便宜的拉麵，或是回家取出冰箱裡的一碗剩飯，有剩湯的話用剩湯，沒有的話就用熱茶，水滾後打一顆雞蛋，上桌前再放上一顆醃漬的梅子，不另外花錢，煮成簡單的雜炊，塡飽肚子。

花同樣的錢，傳統的日本士紳寧可選擇一餐不吃，也絕對不用不好吃的東西來塡飽自己。

「吃到飽、吃到撐，卻不管東西好不好吃，這跟動物有什麼兩樣？」我彷彿可以聽到他們義正詞嚴地這麼說。

確實，**就算有「飽足感」，沒有「滿足感」，那有什麼用呢？**

吃完飯很快就忘了究竟吃過什麼，甚至還打了一個後悔的飽嗝，這種吃法眞是挺讓人悲傷的。

在我心目中，需要「馳走」，好吃卻不見得吃得飽的，叫做正業。

至於那一碗塡飽肚子的雜炊，就是副業。

因爲**能夠塡飽肚子的工作，不見得就是最該做的工作**。

但是喜歡的工作，就算薪水低，塡不飽肚子，我覺得並沒有關係。

副業可以是睡前那一碗塡飽肚子的拉麵，但是正業一定要美味。

好吃的東西吃不飽沒有關係，但不要爲了塡飽肚子而吃，否則我們可能就會變成像是蛋白質缺乏症的孩子。

「這個討厭的工作我再忍個十年，就可以退休，到時候我就要去環遊世界！」類似這樣似是而非的推託之詞，我們都時常聽見。

但已經長期吃沒有營養的食物，導致嚴重營養不良，滿肚子積了腹水，四肢瘦弱無力的蛋白質缺乏症患者，到時候有什麼條件去環遊世界、實現夢想呢？這種夢想不會實現，也只是剛好而已。

沒有訓練出對美食的品嚐能力的人，就算哪一天有幸吃到了好東西，也說不出味道，只一心一意覺得餓、吃不飽，那不是太可惜了嗎？

價值與成就感會發酵

我在NGO的領域，也看到很多這樣讓人遺憾的例子。有些NGO組織爲了養活自己，只好不斷去標政府的委託案來塡飽肚子，結果組織把大部分的時間、人力跟精力，都用在做不符合組織宗旨的事。久而久之，因爲組織沒有辦法做眞正符合成立宗旨的計畫，好的人才因爲失望就離開了。不再有養分的組織，就變成了蛋白質缺乏症的患者，眞正存在著的，就只剩下一個空虛的名字而已。

一個上班族花了一整個早上回覆無關緊要的三十封E-mail，但把最重要該寫的那封信放在一旁，打算雜事處理完了再來慢慢構思。結果一天過去了，做太多雜事的結果，已經沒有精力面對重要的事，整天下來當然一點成就感都沒有，只覺得累極了，老闆也只看到你「整天都在做雜事」。

你覺得忿忿不平，但是又反駁不了，因爲這的確就是事實。

長此以往，就叫做「**懷才不遇**」。

請問，打開便當的時候，要一口先把最喜歡的菜色吃掉，還是把最喜歡的留到最後才吃？

「喜歡的工作，薪水低有沒有關係？」

我一直相信，在三十歲以前的年輕人，可以輕易地到外國去打工度假的年紀，但是不喜歡的工作，一個月收入十二萬台幣就是不値得做的。

曾經在澳洲打工度假的朋友應該都有經驗，按件計酬的農場工作，手腳又快又好，願意付出勞力的工人，運氣好每個月可以領個台幣十萬元甚至十二萬，這是在台灣二十多歲的上班族，沒有辦法想像的高薪。但是因爲是靠天吃飯，如果季節不對，天候不佳而停工的話，也有可能收入完全掛零。

農場的工作是辛苦的，在一望無際的單調平地上，日復一日連續幾個小時高舉著雙手，頂著大太陽對著兩公尺高的葡萄架修剪枝椏，還要被惱人的無數蒼蠅圍繞。

體會過在異鄉擔任外勞，也看到別人如何對待作爲外勞的我們之後，應該就會想想爲什麼台灣的雇主，怎麼可以爲了那麼少的一點錢，卻對外勞們如此苛刻，或許從此會改變我們看待移工的心態，變成一個更好的人。

幸運的是，就算沒有語言能力，沒有傲人學歷，沒有任何一張執照、資格、證照，只要滿十八歲，都可以靠著勤奮辛苦工作換取高薪。但是，如果在自己的國家找到的工作不見得喜歡，薪水又低，同樣是不怎麼喜歡的工作，爲什麼不乾脆一輩子留在澳洲小鎮的葡萄園工作，起碼可以一直賺取在家鄉得不到的高薪呢？

所以我常常說：不喜歡的工作，每個月收入十二萬台幣以下千萬別做。但是喜歡的工作，就算22K當然也可以做。因爲這就是**「薪水」和「價值」之間的差別**。

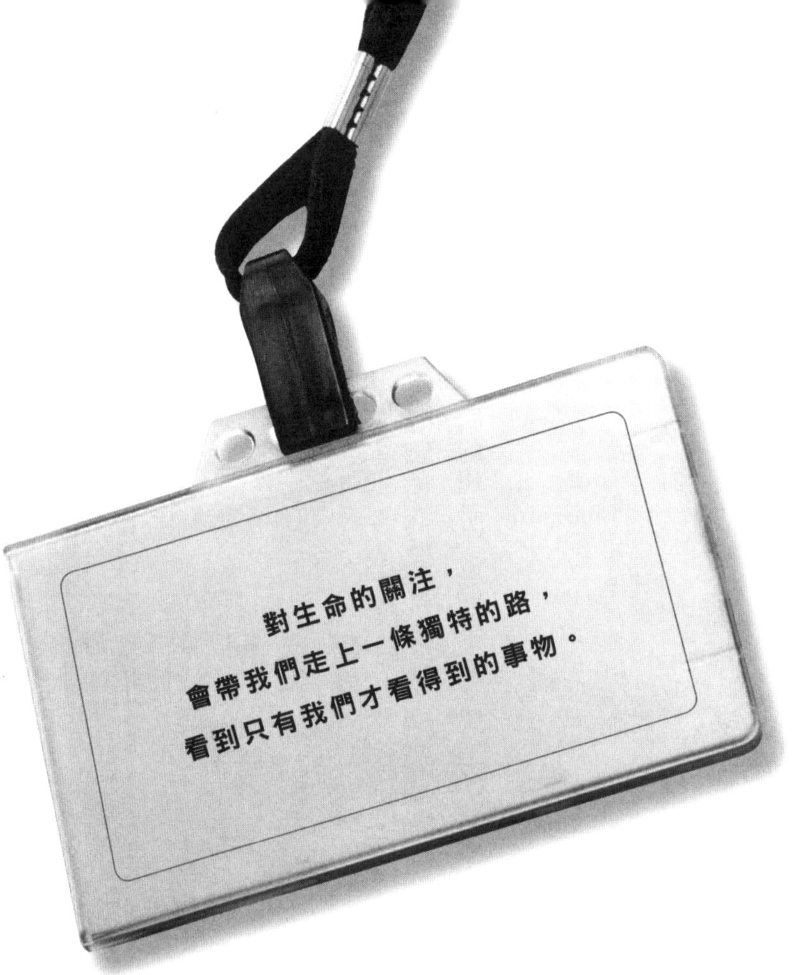
對生命的關注，
會帶我們走上一條獨特的路，
看到只有我們才看得到的事物。

第 5 種視野

人生到底有幾次機會？

武漢小子

為自己找60個機會

我有一個來自湖南的朋友，叫做劉栩宇光。

他本來有一個普通的名字。高三那年，差不多十八歲的時候，畢業生都如火如荼準備高考前夕，老師突然提醒同學，准考證上要塡寫的名字，從此就要用一輩子，所以要改要快。

「**這是一輩子一次的機會**。」我這朋友忽然從書本中抬起頭來，覺得這件事情很關鍵，恐怕比準備考試上大學還重要，所以也沒跟人商量，就到了戶政事務所去，爲自己取了一個喜歡的名字，姓還保留，但從此名字改成了他喜歡的幾個字：「栩宇光」。

「沒有猶豫嗎？」我好奇地問。

「猶豫什麼？」朋友看了我一眼，「我自己的命運，自己決定。」

從此以後，他眞的就踏上了決定自己命運的道路。

高中畢業那年，他考上了武漢理工大學的法語系，入學以後決定法語跟經濟雙主修。大學畢業以後，進了武漢的法國領事館工作了六個月。就在要「轉正」，也就是結束試用期要變成正式職員的時候，栩宇光決定辭職，因爲他覺得自己還沒有去外面看這個世界，並沒有打算就這樣待在武漢的法國領事館工作一輩子。

那年他二十二歲，剛好父母離異，栩宇光雖然選擇跟了母親，但是他眞正選擇的是跟了自己。離開許多人羨慕的領事館工作以後，聽說河南省政府的地礦局，下設的一個分支機構，要到阿爾及利亞去開分公司，需要找一個懂法文的口譯跟筆譯，起薪是月薪一千五百美金，包吃包住，還有零用錢。雖然到北非去幫中國公司寫法文招標書，不是什麼夢想中的工作，但是能夠出國去看看世界，薪水也不錯。

隨著接觸穆斯林文化的全新經驗，接觸地中海沿岸還有家鄉從來沒看過的北非沙漠景觀，阿爾及利亞帶給栩宇光的驚喜遠超過一份薪水跟出國看看的想法，他開始意識到世界原來比自己原先想像的還要大，於是決心打算看得更多：

「人生不過就是八十年。前面二十二年，都在中國，就這樣不知不覺過了人生的四分之一。接下來四分之三的人生還有六十年，我要每年去一個不同的國家工作，每個國家待上一年，去六十個國家。」

就這樣，他去了就算作夢也沒想過要去的阿爾及利亞，而且去的是一個連聽都沒聽過的

Wilaya de Naâma地方一個叫做Méchria的城市，雖然美其名是城市，其實不過就是個小鎮。

八個月以後，去了阿爾及利亞西部的大城鎮Tlemcen，這回住在城堡裡面，又待了三個月。轉到Tlemcen後，剛好有一個競標的大案子，在那裡每天從早上九、十點開始，一直要加班到凌晨，因爲這個公營事業在阿爾及利亞，同時有好幾十個計畫，日本的清水集團跟韓國的三星集團，在當地的鄉下地方蓋衛星城市的住宅項目，栩宇光工作的這個中國公司，則是包辦水利工程跟下水道工程。

這樣的海外初體驗，其實算不上開心，因爲是公司裡唯一懂中文又懂法文的人，所以接觸的對象包括很多從中國來的民工，可以溝通的卻只有一個年紀相仿的工程師。栩宇光從小雖然在鄉下長大，但是過去從來沒有接觸到社會層次差異那麼大的人，所以跟這些中國民工相處的震撼，恐怕比在阿爾及利亞還來得大。他也才知道，原來要到海外當工人，也要有關係，才能掙每個月一千美金的薪資，班長一個月則掙一千五百美金。所有人當中，就栩宇光一個沒有關係，加上他不認同中國工班在當地阿爾及利亞工人面前表現出來的優越感，於是受到其他中國員工的排擠，唯一的朋友，就是當地守門人跟自己同年齡的兒子，還有四條狗。

既來之則安之，後來他交上了一些當地朋友，包括開車的司機，也就漸漸喜歡當地的生活了。

跟自己約定的一年期滿之後，就辭職了。唯一放不下的那四隻狗，聽說他走了沒多久，也都死了。

第二年，他被以工程機械起家的中國民營企業三一重工網羅，受底下一個負責海外承包國際業務的公司錄用，準備分派到法國去做銷售跟行銷。結果人算不如天算，在辦法國簽證的時候竟然遭到拒簽的命運，公司這時給他兩個選擇：去波蘭或是印度，任選其中一個。

當時他喜歡看MTV電視台的流行音樂節目，廣告時間常常看到印度觀光局的「Incredible India」形象廣告，好像挺不錯的，就這樣選了印度，派駐到加爾各答當營銷經理。

從來沒有銷售經驗的栩宇光，一到那裡就糊裡糊塗地被升職為區經理，掌管印度東部的市場，範圍大約是印度的五分之一，薪水也立刻跳到年薪二十萬人民幣。

當時，公司有一個食宿的補貼標準，可以選擇免費住在宿舍，自己把住宿費收在口袋，或是把補貼花在住房。栩宇光為了避免重蹈阿爾及利亞的覆轍，所以選擇去住在加爾各答以背包客聚集而著名的Sudder街上的一間飯店。就在這個小旅館，他遇到兩個華人女生休假來做志工，想跟老闆討價還價，栩宇光就熱心幫她們倆議價，就這樣，生平第一次結交了台灣朋友。

認識台灣人，對二十三歲的栩宇光來說有兩個震撼：

1.台灣薪資原來這麼低。根據後來認識的台灣朋友說，原來台灣年輕人大學畢業的薪水，一個月就算派到墨西哥治安不大好的地方，竟也只有一千塊美金左右（折合台幣三萬元）。同樣年齡的栩宇光年薪二十萬人民幣，在當地華人圈還不算高的，因爲以做通訊的華人來說，跟他同樣職務的年輕人，年薪可以拿到三十五萬人民幣。他實在很難想像，台灣人爲什麼會願意做薪資這麼低的工作。

「這些人沒有想過自己的未來嗎？」栩宇光用很納悶的語氣問我。**「究竟是不敢想，還是真的沒有選擇？」**

2.雖然台灣人薪水低，但對世界卻跟中國的年輕人有很不同的想法。這兩個女生說，她們是來德蕾莎修女創立的「垂死之家」當志工的。之前他從來沒聽過這個地方，所以兩個台灣女生就帶栩宇光去參觀，眼前的景象對他產生了前所未有的震撼，從此以後他也每個週末都去「垂死之家」當志工，從小坐在書桌前面念書的他，開始體驗體力勞動、爲陌生人付出原來可以這麼紓壓。

「在垂死之家，我改變了對人的看法。來自日本的志工，讓我印象最深刻，因爲他們總是搶著做最髒、最難的工作，像是照顧大小便失禁的病人。但是來自歐洲的修士，他們是未來的神父，卻只願意做些最簡單的工作，像是擦窗戶之類的，就算看到病人失禁，竟也可以裝作沒看到，等著亞洲志工去處理。」

這是爲什麼，大學主修法語的栩宇光，第一次對於亞洲人產生了歸屬感。

轉眼一年將屆，又是離開工作，啓程到下一站的時候，栩宇光辭職以後到「垂死之家」擔任全職志工一小段時間，算是與印度正式地告別，接著背起行囊，開始兩個月的自助旅行。

我認識栩宇光，是在泰國的清邁，當時的他，正在打算是否爲我一位法國設計師朋友工作，而我們的訪談，是事隔半年之後在曼谷完成的。

雖然我不知道二十多歲的栩宇光，會不會完成他一年一個國家的六十年大計，我也不知道他的下一個目的地在哪裡，因爲在寫下這段文字的同時，栩宇光的臉書上顯示他人在韓國首爾。我不知道他爲什麼去那裡，或是在那裡做什麼，但我確知的是，一個在十八歲的時候，就可以爲自己的身分做決定、負起責任的人，他的人生或許眞有六十個國家、六十個機會。

耕種自己的機會，你可以有40次？

我的朋友栩宇光的故事，讓我忍不住思考，人的一生到底有幾次機會？

被譽爲股神的巴菲特，其長子Howard G. Buffett長期以來以所謂的「農夫慈善家」自詡，我之所以會特別注意，是因爲他與我在美國華盛頓特區工作的國際NGO組織有結盟關係的食物智庫（Food Tank）合作出了一本叫做《40 Chances》（中文暫名：四十個機會）的書。

這本書裡面的一些案例讓我想到在緬甸工作的其中一群朋友，他們是一個多年來專門致力於幫助緬甸鄉間的小農轉作有機作物的基金會，基金會的執行長是我的一個擺夷族好友，總是在許多公開場合強調一個相當前衛的概念。

「請不要只把農人當作勞力的輸出。」有一次他受邀到世界銀行的年會參加座談時，他站起來溫柔而堅定地說。「因爲在地的種子，就是一種文化傳承，而農人是這文化傳承唯一的守護者，只有當農人播種時，種子才會展現種子該有的力量。」

他還強調種子公司控制種子、利用基因科技改造種子，或是政府徵收土地用大型機具耕種單一作物的大型商業農場，都是硬生生地切斷這一脈相傳的文化傳承。

我不知道在場有多少人認眞將這幾句話細細咀嚼，但當場的我卻深深受到感動。在NGO組織參與緬甸的農業計畫多年之後，讓我的觀念有很大的轉變。

農夫總給人「一輩子都在種田」的印象，但是仔細想想，眞的是如此嗎？

一個農夫若從二十歲成年開始，一直耕作到六十歲退休，其實不過就是四十個寒暑。面對同樣的一塊土地，每一年都要從頭開始，前一年無論是豐收或歉收，都無法用來預測接下來這一年的結果，所以嚴格說來，一個農人一輩子，擁有的也不過是四十次無法回頭的機會。

農業的規律週期，也象徵人**一年一次自我改進的機會**。這樣說來，各行各業又何嘗不是如此？**這輩子的四十個機會，我們已經用掉了幾個？又還剩幾個？**

農夫一生的黃金歲月如果能種地四十年，也就是說，農人一生有四十次機會可以越做越好。就算不是農夫，無論是什麼行業，一個現代人的生涯大概也有四十個機會。抱著這樣的精神，我們強調共學、動手、觀察、學習使用最適當（而不見得是最先進）的科技、必要時願意冒險、可以謙卑地擔任志工、也願意誠摯地引領比我們資淺的新進者，鼓勵現代人走入自然，透過自身的信念與行動，選擇親近土地的生活方式，並且用在大自然當中習得的智慧，來面對各式各樣的逆境。

我開始相信，農業不只是農業。

我也相信，每個人其實都是農夫，只是不見得耕種的都是土地，有可能是用四十個寒暑來耕耘某個專業，或是豐富自己的人生。

人生無論好壞，都該有四十個機會。想通了這一點，對於如何享用人生的方法，終於有了深切的認識。這輩子既然我當了農夫，當然要好好使用這四十個機會，認眞耕種自己的人生，這不是宿命，而是一個我和自己生命的美好約定。

我記得在問栩宇光對於工作的看法時，他說他不覺得工作應該只是謀生的手段，而是一種「將愛轉換成事業的過程」。

「你的意思是……」我說。

「我認爲人生有三個階段，第一個階段是對美的發現，第二個階段是學習欣賞世界的美，第三個階段，則是努力去創造美的東西。在我心目中，『工作』這件事，應該就屬於第三個階段。」

當別人問我工作是什麼的時候，我曾經不止一次這樣回答：「**工作是一種看得見的愛。**」

我想，我可以理解栩宇光的意思。

第5種視野工作語錄
究竟是不敢想，
還是真的沒有選擇？

第5種視野工作語錄
人生無論好壞，
都該有四十個機會。

說不定，人生本來就只有 Plan B

我的朋友栩宇光本來已經準備好去法國工作的，萬萬沒料到曾經在法國大使館工作的他，卻意外被拒簽，這個意外的轉折，讓原本的Plan A泡湯，於是啓動備案Plan B，在波蘭跟印度當中選擇。MTV電視台的印度旅遊局廣告，將他的人生帶到印度加爾各答，嚴格說來也只能叫做腦波很弱，不算什麼理性的選擇。又因爲選擇住在背包客聚集的小旅館，巧合下認識了台灣朋友，將他的生命觸角帶到之前從來沒有聽過的「垂死之家」。

看來果眞是人算不如天算。

我一位香港時事專欄作家朋友林輝，說他在三十三歲那一年，因爲被現實壓得喘不過氣來，決定放下在香港的一切，去世界各地旅行一年，他說自己原先有兩個腹案，Plan A還算是做點正事，申請了去印度的大學念政治學碩士；如果這個計畫不成功，Plan B備案就只是玩樂，給自己長達一年的世界旅行。結果印度的大學申請石沈大海，只好帶著粗略的想法

（想去新疆、中東和南美洲），背起行囊向新疆出發了以後，結果行程大暴走，整趟旅程跟預想出入頗大。

行程暴走的原因，並不是錢用完了，而是因爲夠了，從一開始就不是非做不可的事，沒做完自然也沒什麼失敗可言。如果非要用計畫達成率來說，那麼這個Plan B也在失敗中落幕，但那一年，絕對是人生中最棒的壯遊年。

我很理解那種心情，因爲自己也跟林輝一樣，從十幾歲開始，人生遇到瓶頸就去旅行，既然不是第一次，看來也不會是最後一次，所以到底去哪裡、做什麼，身爲一個旅行者的我，知道其實一點都不重要。

大學時代我遇到學習的瓶頸，對於眼前看得見的平淡路徑極不滿足，於是想去活一段完全不一樣的人生，當時本來有一個Plan A，是去西伯利亞的葉庫題亞共和國學俄文、念葉爾庫茲克大學，Plan B是去埃及念開羅美國大學，後來成的是Plan B，而且我的「六日戰爭」論文最後潦草收場，但仿古莎草紙作畫，倒是有模有樣。

當時說沒有些遺憾是騙人的，回頭想起來，其實我人生的Plan A基本上總是落空，成的總是那個備案Plan B，就連不想繼續念本科政治系所，特意申請去哈佛大學教育學院念研究所，申請書也硬生生的被校方轉到甘迺迪政府學院，只好繼續念公共政策。所以後來我學會**接受「人生不宜過度計畫」的事實，與其傲慢地認爲我在爲自己的人生做選擇，還不如做該**

做的一點準備，剩下的保持開放的心胸，一切交給命運的輪盤。

這種態度，看似隨機，但其實人生就像銀河星系一樣，總會將我們保持在適當的軌道上，沒什麼好擔心的。

作者在職業欄上面究竟塡的是「旅行者」還是「作家」，去的國度究竟是土耳其或緬甸，其實都沒有關係。就像尼泊爾公民社會的關鍵字是「自救」，我們想爲自己遇到瓶頸的人生去做一點什麼的時候，無非也是一種自救。如果說巴勒斯坦人的存在本身就是一種抵抗，那麼每次遇到人生瓶頸就去旅行的人生，當然也是一種對命運的抵抗，對生命的自救。

所以無論是在旅途中的香港人，還是在馬來西亞的緬甸欽族人，生活在以色列的巴勒斯坦人，約旦的伊拉克人，還是在土耳其的庫德族人，每一個人的存在都是一種抵抗，每一個出走的願望都是一個自救的行動，而每個人算不如天算的走樣規劃，都是一個Plan B的人生。

老實說，我挺喜歡Plan B的人生。總是心想事成的Plan A人生，肯定很無趣吧！只有戰戰兢兢走在Plan B的路上才會發現，眞正影響人生的，其實根本不是我們做什麼，而是我們的生命本質是誰。一個香港時事專欄作家，不會因爲旅行到馬來西亞，就正巧遇到住在吉隆坡的緬甸撣邦難民；我也知道，自己作爲一個小時候渴望成爲農夫的台灣NGO工作者，對於農事一竅不通，到緬甸卻接手撣邦一個有機農業計畫，不是全然的偶然。

第5種視野工作語錄

每一個人的存在都是一種抵抗，
每一個出走的願望都是一個自救的行動。

第5種視野工作語錄

每一個對生命的關注，
會帶我們走上一條獨特的路，
看到只有我們才看得到的事物。

每一個對生命的關注，會帶我們走上一條獨特的路，看到只有我們才看得到的事物。

即使總是事與願違的Plan B。

我甚至開始懷疑，眞正美好的人生，或許本來就只有Plan B。就算看起來一點都不像好工作，甚至根本不像工作的，當然也可以是一份好工作。

因爲**認識世界，本身就是一份好工作**。

第 6 種視野

如果工作不是為了錢，那是為了什麼？

財務自由的謊言

「財務自由」聽起來是讓人拚命工作的正當理由，但到底是什麼意思？我查閱線上維基百科，上面說財務自由指的是一個人「無須爲生活開銷而努力爲錢工作的狀態」。但我們要工作到什麼時候，才知道自己達到財務自由了？如果有一天，你中了彩券頭獎，算不算財務自由？從得到自由那一天開始，你要做什麼？

大學時，我主修的是政治理論，當時我讀過一本叫做《人類的處境》（The Human Condition）的書，是一本漢娜・阿倫特在一九五八年出版的政治哲學著作。裡面提到一個有趣的想法，就是古羅馬時代奴隸解放以前，奴隸爲「自由人」勞動，使自由人得以在公領域中活動；然而，在奴隸解放以後，所有人都成爲了「自由人」，卻也必須自己勞動，因此諷刺的是所有人同時也成爲了「奴隸」。

因爲這樣，每次我聽到無論被微薄薪水綁架的人，還有坐擁豪宅的人，同時都說他們正在追求財務自由時，我想到的是其實他們都不知道自己只是「奴隸」的「自由人」罷了。

我認識有人天真地覺得賺一點點錢就夠生活的，奇妙的是，他真的就自由了；也有人覺得無論擁有多少錢都不夠，以至於終身只能當錢的奴隸。

我常常聽到有人說：「等我有錢，我就不上班了，要來享受生活。」或是「做善事，還不簡單？等我中了彩券頭獎，就會捐一半給公益團體。現在我自己用都不夠了，哪有能力幫助別人？」

「工作真的這麼令人厭惡嗎？」每次只要不經意聽到這些老掉牙的說詞時，我就忍不住想到花蓮玉東國中木工班的故事。這些大多數家境不好，各方面都沒有得到家庭太多支持的國中生，在許多陌生大人的幫助下長大，甚至寒暑假要做粗活賺取自己的生活費，但他們卻想到要透過義賣，將自己親手精心製作的木工作品變現，用來幫助比他們更需要幫助的人。

諷刺的是，很多在他們心目中明明就有錢也有能力的大人，卻相信自己只有足夠的能力包牌、買彩券，但沒有能力可以幫助別人。

我真希望有人可以清楚告訴我，到底一個人要工作賺錢到什麼程度，才算「財務自由」？又什麼時候開始，才有財力可以做助人的事？

中了彩券頭獎以後，你還要上班嗎？

每次在捷運或是路上聽到這樣的說詞，其實我都很想轉頭問那些陌生人：

「如果你眞的中了樂透頭獎，你還會不會繼續工作？」

許多人共同的心聲，是想要逃離工作，認爲有錢不用工作，就是人生最大的享受。但我們身邊有那麼多工作了一輩子以後終於退休、再也不用工作，每個月只要靠領退休金就可以舒適生活的人，他們逃離職場以後，是否眞的從此過著連自己也羨慕的神仙般生活？

如果有人問我同樣的問題，我的答案應該是：

「就算戶頭突然多了一輩子也用不完的錢財，我還是想要繼續工作啊！」

我從中學時代半工半讀開始，從來沒有一天停止工作，現在的我，也沒有想過要退休，只希望可以有健康的身體跟清楚的頭腦，繼續一直做著這份我爲自己選擇的工作。難不成我腦子有洞？

我一點都不討厭我的工作，所以無論有沒有中樂透頭獎，應該都不會影響我繼續做我喜歡的事。我不禁開始懷疑，該不會我是極度例外的異端分子？

台灣彩券總經理黃志宜被稱為「黃金右手」，因為他握過所有從二〇〇七年來中樂透彩頭獎，就此變成億萬富翁得獎者的手。在一次專訪中，黃志宜回答記者這個問題時，說出的答案可能讓很多人感到驚訝：

「他們沒人辭職！我有問過，除了一個本來就要退休外，都選擇繼續上班。因為在家太閒，沒工作身體反而會變不好。倒是有了這麼一大筆錢，上班的心情都不同了，比較不會在意升遷或公司鬥爭，以前工作是為一口飯，現在不擔心了。被老闆修理了，說不定還可以恐嚇老闆，『我要把公司買下來！』。」

美國芝加哥的CareerBuilder網站委託Harris Poll市調公司針對三千三百七十二個十八歲以上成年人做的調查，問當地民眾如果中樂透頭獎會不會繼續工作，有一半以上都回答「會」，就算不為了錢也要繼續工作。同時，市調公司Gallup（蓋洛普）也在二〇一四年八月七日到十一日這五天期間做了類似的工作與教育問卷（Work and Education survey），結果得到的數字更高，有高達百分之六十九的人說就算中了一千萬美金（折合台幣超過三億元），他們也會繼續工作。

當然，對於工作的意義，也有世代的差異。年輕的受訪者，明顯比年長的受訪者，就算有用不完的錢也更想繼續工作。比如十八歲到二十四歲的年輕人，有將近七成說他們就算中頭獎後也想繼續工作，這個數字一路隨著年齡增加而滑落，到了五十五歲以上的受訪者，剩下四成想要繼續上班。

這樣的答案可能讓很多人驚訝。**「工作不就是爲了錢嗎？如果不是爲了錢工作，那是爲什麼？」**

或許更準確的問題是：除了錢以外，工作給了我們什麼？

無論是我們定義了工作，還是工作定義了我們，工作都是一個**社會人用來定義「我是誰」很重要的工具**，從職場遞名片的習慣就可以看出端倪。

替代性越高的人，越熱中於遞名片。

其實應該不能說熱中，應該說那是一種焦慮才對。

除非你是一個非常自信，知道自己無可取代，也非常喜歡自己的人，這樣的人甚至連假裝抱歉都不用，一派輕鬆地跟剛認識的對方說：

「哈哈，我根本沒有名片。」

如果有一個人說：「我沒有名片，因爲自從我中樂透頭獎以後，就沒有工作了。」那麼這個人的存在價值就剩下「樂透得主」，會不會比被一份不喜歡的工作定義，更加悲慘？還是我就是不懂錢的價值，才會有這種想法？

同一份美國芝加哥的民意調查中，百分之七十七的人回答他們會繼續工作的原因是：「不工作會很無聊」，而百分之七十六的人說「因爲我在工作中找到意義、得到成就感。」然而只有百分之十五的受訪者說，他們現在做的工作就是夢想中的工作。我眞心希望我自己可以是那百分之十五。

百分之三十六的受訪者表示，雖然他們現在所做的工作不是他們的夢想，但相信有一天會做到這樣的工作。雖然人對自己通常不怎麼瞭解，眞正行動的時候，往往行動跟不上自己的腦袋，不信的話只要看退休後眞的去環遊世界、實現夢想的比例就知道了。但只要能夠當這百分之三十六的其中一分子，繼續相信，其實就已經走在實現夢想的路上了。

到底一個人要賺錢到什麼程度
才算「財務自由」？
又什麼時候開始，
才有財力可以做助人的事？
第6種視野工作語錄

工作是一個社會人用來定義
「我是誰」很重要的工具。
第6種視野工作語錄

為什麼有錢人還想繼續工作？

「因爲想要賺更多的錢。」似乎是理所當然的答案。但是我懷疑會說出這種太過膚淺的答案的人，都沒有眞的賺過大錢。

我決定將這個困難的問題，問我所認識的人中，最不缺錢的朋友。

跟大多數人不同，我對於如何賺大錢的方法並不怎麼感興趣，我更想知道的是，一個人變得有錢之後，怎麼樣才可以保持不市儈，而不會被銅臭味所淹沒。

我的大學政治系學長Arthur（化名，阿瑟）畢業於美國前五名商學院，曾任職於華爾街知名投資機構多年，擔任分析師及操盤人，負責數億元美金的多空操作，工作地點包括紐約和香港。二〇〇九年初曾經短暫退休、回台定居，但是他一直惦記著一位教授曾經說的：

「You are smart individuals. You should always work hard and enhance the return on your intellectual capital.」（你們都是聰明人。聰明人就應該努力工作，好好讓你們的智慧資本越滾越大！）

所謂的智慧資本，可以代表用腦筋賺錢，也可以跟金錢無關，純粹把經驗傳承給後進，教人如何避免犯錯、在更短的時間內學會釣魚。因爲無法忘情市場的脈動，想繼續用腦袋賺錢，加上想分享自身經驗，將自己所學傳承給自己的後輩及學生，不久就重出江湖，自己創業，成立了一檔自己的避險基金。

就讀研究所之前，阿瑟學長的月薪只有四萬多元台幣，MBA畢業後留在美國華爾街工作，薪水立刻成長好幾倍。接下來的十多年間，經歷多次被挖角，薪水也逐漸墊高，三十多歲已經在某個國際知名的美系投資機構擔任亞洲區主管，年薪光是底薪就已超過台幣一千萬元（美金三十五萬元），如果加計績效獎金，全年收入超過百萬美元（三千萬台幣以上）是常態。

不到四十歲的阿瑟學長，此時卻決定退休，當我問他爲什麼的時候，學生時代愛打籃球的他，摸摸自己越來越胖的小腹說：

「收入雖然豐碩，但是我總覺得工作壓力大，包括辦公室政治鬥爭等等自己無法控制的變數也多，這種人生彷彿不屬於自己所有。」

阿瑟學長退休回台灣以後，沒多久就厭倦了天天打高爾夫球的日子，重出江湖自行創業。創業以後雖然固定收入降低許多，但是能夠回到生長的地方，快樂地工作、掌握自己的時間及生活與陪伴家人，是先前十多年在海外所無法擁有的。

回台灣以後，阿瑟學長也開始經常到校園講授投資實務、與年輕人分享職場生涯經驗，行有餘力時也贊助各種社會團體，對於生活的滿意度比以前任何時候都高。

經歷了台灣的學生時代後在台灣工作、美國的學生時代後在美國工作、還有退休回台灣後又在台灣工作，先後不同的三個階段，我想知道一個人如何在這三個不同的生命階段，向自己和家人證明你的價值？而這個價值的標價分別是多少？又是如何訂出來、如何做到的？

證明工作價值第一階段：準備自己

阿瑟學長說他其實大學政治系念到一半時，都還不知道自己未來要幹麼，只確知自己絕對不是從政的料，所以決定研究所念不同領域，便於在就業市場找到一席之地，當時比較有可能的選項是出國念法學博士（J.D.）或是企管碩士（MBA）。

這時，阿瑟學長找了幾本華爾街大亨的傳記來看，結果一看就爲他們的人生著迷不已，發現華爾街的聰明人原來可以靠著研究經濟及產業趨勢，操作金融商品或擔任資本市場的籌資及購併顧問賺到很多錢，而且變得有影響力。於是當下決定往財務專業發展，確定華爾街就是他未來的戰場。

雖然以當時自己的收入跟父母的財力來說，要念美國MBA商學院的成本很高，但是阿瑟學長相信這個投資是值得的。既然要背水一戰，就要念排名前五名的一流商學院，爲了要達到這個標準，阿瑟學長花了四年的時間讓自己的履歷表符合名校的需要。並且說服相對保守、擔任教職的父母，這就是他們的兒子未來要走的方向，同意部分資助兒子完成學業所需要的費用，同時把這些頂尖商學院畢業生的平均薪資，作爲輔佐資料，告訴父母說這筆他們借給兒子的錢，相信畢業不久就可以還清。

因爲我喜歡航海，所以總會拿著水手證，在郵輪上短期工作，交換我想要的航行，也因此認識了很多在船上工作的各行各業的朋友。

船上的娛樂部門，除了賭場跟餐廳之外，還有很多現場的表演，一天下來，包羅萬象，從大劇場的百老匯音樂劇到交誼廳的古典弦樂四重奏，爵士樂的big band到各種國際標準舞的樂團，游泳池畔的派對樂團到餐廳裡的情境音樂，歌劇美聲、各種演奏到脫口秀、魔術表演，種類繁多。船上的樂手其實也都在一天不同的時段，不斷重新排列組合，扮演不同的角色，雖然每天的工作上限規定是五個小時，但是很有可能是五種完全不同的場地跟音樂類型。

「海上鋼琴師」這樣的工作，似乎勾起許多人美好的想像，而且每工作三個月，就休假兩個月，工作時間短（每天不超過五小時），薪水又很高（起薪每個星期一千元美金以上，而且不用扣稅，也不用付房租跟伙食費，搭五星級豪華郵輪前往許多不可思議的國度旅行，折合台幣至少有將近每個月二十萬元的價值），所以當我幫郵輪的娛樂部門的同事，在我的私人臉書上公布這個職缺時，立刻收到許多來自台灣年輕人的詢問跟履歷表。但是我也立刻發現幾個問題：

不夠專業，或是沒有足夠的彈性

在台灣，大多數學音樂的年輕人，接觸的音樂類型不夠多，也沒有各種音樂類型的演奏能力。比如說，古典鋼琴訓練科班出身的大學畢業生，似乎沒有辦法一看到譜就精確地彈任何一齣音樂劇或是一九四〇年代的老歌，接著立刻轉換成Lady Gaga的流行曲，但這都是**海上鋼琴師需要具備的基本能力**。一個在餐廳自彈自唱多年、無師自通的歌手，表面上會彈琴，但是因為不曾受過正式音樂訓練，所以根本不會看譜，也不會算拍子，所以拿到一疊厚厚的譜，根本沒有能力可以當天上台。或許有人會說，要求這麼多，哪有人可以做到？可是事實是，在世界各地，非常容易找到符合這樣條件的演奏者，無論是英國還是烏克蘭，日本還是加拿大，找到符合這個資格的二十歲年輕人，無論是鍵盤還是鼓手，吉他還是貝斯，薩克斯風還是法國號，一點都不難，而且團長無論本身是演奏什麼樂器，同時還要有指揮的能力。

缺乏實務經驗

很明顯，台灣的樂手沒有豐富的上台經驗，所以把上台當作大事。

相較起來，一個外國的樂手可能從很小的時候就在教堂彈管風琴，中學以後時常會打工去各種不同的地方劇場、樂團、生日派對，或是巡迴演唱會軋一角，所以不懂什麼叫做怯場或是緊張，也沒有適應各種不同舞台的困難。一個工作經驗已經非常有限的年輕人，加上沒有獨立生活的經驗，更不要說跟自己語言、文化背景都不同的人，一起工作一起生活的經驗，眞的可以勝任嗎？我要強調的是，不是那種遊學跟團一起參加夏令營的生活經驗，而是在國際場合，一起從事專業工作的經驗。這樣的人，**有沒有足夠的EQ**可以在同一樂團可能十個同事來自十個國家的環境下，一起順利工作，在船上一天二十四小時和室友和平相處？

沒上過船卻要當水手

甭說航海的經驗，很多應徵海外工作的應徵者，甚至連海外旅行或是出國的經驗都沒有。台灣雖然是海島國家，但幾乎沒有幾個人有航海的經驗，而且普遍非常怕海，如果還沒開始工作就暈船，那不是很糟糕嗎？

語言能力不足

英文的溝通能力不足，無法跟管理部門或客人順利溝通。不會寫得體的英文履歷，看不懂合約書。一個合格的水手，無論工作是廚房洗碗的小廝、房間鋪床的服務生、酒吧的吧檯人員，還是彈鋼琴的樂手，只要成爲郵輪上的員工，都必須得到各式各樣的訓練認證，包括逃生安全演習、救生訓練、環保課程等等，還要扮演緊急疏散的交通指揮，不是只做「演奏」這一件事情。是的，一艘郵輪有上千名各種國籍的船員，從印尼到克羅埃西亞，從菲律賓到荷蘭，每個人無論職位高低，都具備這樣的基本語言能力，並不算是才能。

沒見過各種大場面

因爲大部分從小到大只是在很單純的家庭跟學校中長大的亞洲年輕人，基本上沒有什麼參加國際社交場合的經驗和能力，面對正式場合的晚宴服裝、打扮、應對進退，幾乎都手足無措。男生不會打領帶（更別說領結），不曾穿過燕尾服，女生不會穿高跟鞋走路，不會化宴會妝，不知道如何落落大方，得宜地保持員工與客人之間應有的專業距離，時常不是太嚴肅，就是太輕佻、太隨便；因爲從來沒有人教導過，他們的父母自己可能也不懂，因此不知道什麼叫做「**舉止得宜**」。

申請工作前沒有爲自己先準備好這份工作所需要具備的基本能力。大多數應徵者最大的錯誤，都只是不斷向我詢問關於薪水跟福利的事情，完全沒有看到自己能力的明顯不足，甚至有個極度不合格的音樂系鋼琴主修畢業生，隨便遞了一張毫無內容的履歷表後，就開始三番兩次催促，問我她錄取了沒有，什麼時候要開始上班，彷彿我虧欠她一份工作。負責人事的朋友，收到一張在最上方大大打了一行「Impossible is nothing」（世上沒有我做不到的事！）的履歷表，覺得他很有種，所以雖然感覺學經歷都很弱，還是決定給這個申請者一次面試機會。沒想到在面試當天，面試時間已經到了，才突然打一通電話來，說擔心自己「能力不足，無法符合期待。」，所以不來面試了。**「做不到的事情，爲什麼會說出來呢？」**這位同事是實事求是的荷蘭人，完全無法理解怎麼會有人做這種無法兌現的自我行銷。雖然我沒說話，但是心裡覺得很羞愧，因爲我知道這樣的人，在台灣的求職環境中，實在太多了啊！應徵之前，這些人顯然沒有仔細地衡量過自己是否達到這項工作所需要的最低能力門檻，甚至顯然沒有閱讀徵人啓事中需要具備的能力，只是盲目地相信自己很棒，而且棒得不得了，眼前看得到的工作，簡直就沒有一樣配得上自己。但是在國際雇主眼中，這些亞洲年輕人根本**沒有爲自己先準備好這份工作所需要具備的基本能力，就胡亂隨便申請**。

結果經過混亂的一個月之後，竟然沒有任何一位來自台灣的應徵者符合資格，大多數竟然連一張英文履歷都交不出來。請注意，不是沒有錄取，而是一整個月下來，根本沒有符合應徵資格的人，所以連面試的資格都沒有。身爲介紹人，我眞的很難不覺得丟臉，但也因爲這次的經驗，我開始注意了這件事的嚴重性：台灣的年輕人對於走向世界蠢蠢欲動，但大多數人都缺乏準備。

無論是要進入一流的MBA學府，立志成爲未來的富翁，還是要成爲雲遊四海的海上鋼琴師，這兩個看似八竿子打不著的工作，其實有著同樣的要求，就是紮實的準備工作。

第6種視野工作語錄

做不到的事情，
就承認做不到。

請紮實做好準備工作！

證明工作價值第二階段：大展身手

按照計畫，MBA畢業以後，阿瑟學長如願在華爾街找到了一個起步的工作：分析師。這個第一份工作是在一家頂尖的投資銀行，分析師並不是一個有保障的工作，卻給了他一個跟世界頂尖投資高手硬碰硬，在激烈競爭中考驗眞功夫的機會。幸運的是那段時間的投資景氣相當好，所以實力加上時機，他大膽押注科技股的決定得到豐碩的回報，很快地在同事、上司之間證明了自己的價值。

但更重要的是，在自己生命最重要的三個人面前——父親、母親，還有自己——**證明了自己的價值**。

這個階段的阿瑟學長，坦言他將自己的價值建立在工作上必須扮演的「功能」，爲公司操作股票的績效，還有每個月的薪水單上，直白地說，就是一台賺錢機器。

「我在那個階段，一心只想著要怎麼樣幫公司還有幫自己賺更多的錢，說來可悲，但這就是事實。」阿瑟學長回顧說。

賺錢，似乎在這個階段成了阿瑟學長唯一在乎的事，因爲一心想要趕快還清跟父母借來念書的學費，然後存自己買房的第一桶金，甚至除了幫公司賺錢之外，還要累積自己投資的資本，所以急著要達到心目中的「財務自由」，於是沒日沒夜，不要命地工作。

我最感興趣的，不是他賺了多少錢，而是什麼時候，一個人才知道「夠了」？

台灣人總愛說「第一桶金」，問題是那個桶子到底有多大？

阿瑟學長估計，那些誤打誤撞致富的，包括中樂透頭獎的，絕對是有錢人中的極少數，頂多只占千分之五，剩下的百分之九十九點五的有錢人，都是靠著聰明和努力致富的。

「只要選對行，而且做到這行業金字塔頂端做得最好的那百分之五，在十年內會達到財務自由應該就沒問題，之後你就可以自己決定何時可以停下來了。」阿瑟學長一派輕鬆地說。

「這樣說太籠統了！」我忍不住抗議，「台灣人最大的問題，就是不知道何時該停。不只是有錢人，就連去澳洲打工度假過的年輕人很多都有這樣的經驗。澳洲當地人四點準時下班就鳥獸散，趁天還亮的時候去享受生活，做自己喜歡的事，無論多少錢也不願意加班。但是台灣來的年輕人，就會捨不得放棄加倍的加班費，留下來工作到天黑、筋疲力盡。」

「這確實是個問題。」阿瑟學長點頭同意，「我確實也看過，就算已經在安寧病房等死的有錢人，還在滿腦子想著要怎麼賺更多錢。有些華爾街的頂尖同業，銀行存款超過十億美金，住在中央公園附近的高級豪宅，出入有私人噴射機代步，我曾經非常羨慕這樣的人。但是我近身接觸後又發現，金錢帶給他們的快樂，在某個水準以上就出現邊際效用遞減了（也就是快樂並無法照著財富增加的比例而增長），而追逐績效排名與收入，有時反而造成這些富豪們的不快樂。於是我捫心自問，我如此辛苦工作，爲的到底是什麼？答案很快就浮現了：我自己從十五歲離家求學到三十一歲第一次置產爲止，都是當租屋的無殼蝸牛，常常搬家，所以心中最憧憬的就是能夠擁有一間自己喜歡的房子，住得舒舒服服，能夠照顧家人的需求，對我來說這就夠了。」

「開什麼玩笑！學長！你這間覺得『舒服的房子』，根本就是台北市比帝寶還貴的豪宅啊！所以跟台灣人說什麼財務自由、基本需要、衣食無缺，這些都是廢話吧？大多數人都會自動無限上綱，明明一開始說有足夠的存款讓孩子念完大學就夠了，等這個目標達到，卻變成要賺夠三代吃喝不盡。」

「這樣說吧！」阿瑟學長想了一會兒說，「我認爲透過合理的財務規畫，平均說來，資產每年應該至少要有百分之五的投資報酬率。所以你可以計算一下你每年的支出，再除以百分之五，也就是乘以二十倍，應該就是那個『夠了』的數字。」

「意思就是說，如果每一年開銷一百萬元的家庭，資產到達兩千萬元，爲錢工作的階段，就可以停止了？」

「正是這個意思。」阿瑟學長說。

我想到前幾年日本有名的稅務顧問龜田潤一郎出了一本《爲什麼有錢人都用長皮夾？》的暢銷書，裡面說你用的皮夾價格乘以兩百倍就是你的年薪。好像做財務、整天跟錢爲伍的人，很容易動不動都會舉出百分之五或是百分之〇・五這種數字啊！

「還有一點，那就是要有退路，即使景氣不好，也儘量不要吃到自己的老本。比如說：我從學生時代就拚命念好英文，我知道萬一什麼都沒了，我還可以到補習班教英文，絕對餓不死。」

「就是一個汽車『備胎』的概念。」

「沒錯。」

無論我同不同意，但是有錢人很具體地告訴我，有了相當年支出二十倍的資產，還有一**個可以隨時當作「備胎」的副業**，這個第一桶金就算滿了。

不得不承認這是個滿具體的標準。

證明工作價值第三階段：平衡節制

「由於職業的關係，很多業餘的親友會問我：『茫茫股海，股票成千上萬檔，你是如何找到投資靈感的？』

我總是回答他們：『投資靈感就在你身旁。』因爲知名的投資界前輩，稱他爲有史以來最成功的基金經理人也不爲過的Peter Lynch也提出過類似的概念，他說自己經常從自己孩子喜歡的節日禮物中，發掘出不少長期的潛力股。

「嗯，如果小孩喜歡Kindle閱讀器，你就可以研究Amazon還有Kindle的代工廠商。又比如說從香港占中運動，姑且不問政治立場，要操作賺錢其實很簡單，可以買進雨傘、雨衣製造商，賣出珠寶、百貨等零售業者來達到趨吉避凶、多空皆賺的美好效果。北京官方爲了給香港下馬威，短期間內就宣布暫停香港自由行。這個時候，我們就可以賣出搭配陸客香港自由行特別多的航空股。」

但是同樣的邏輯，阿瑟學長卻不願意用在治癒率不高，由西非蔓延到北美的伊波拉病毒（Ebola virus）。

「新聞一播出，全球股市爲之震盪下殺，但是有兩檔股票（APT.US and LAKE.US）卻在十天內飆漲了三倍。果不其然，這兩家都是生產醫療級面罩及防護衣的公司。這兩檔股票短期內有話題，一定會漲，雖然如此，我還是沒有出手。你可以說我笨，但我的回答是：我打心底就不太想發這種災難財，因爲如果股票漲了，那代表伊波拉病毒已經蔓延得更快、更廣，有不少人會傷亡，更別提到對旅遊及零售業的衝擊。如果疫情獲得控制，那麼這兩檔股價也會打回起漲點，我的荷包只會變得更薄。」

阿瑟學長開玩笑說自己比較老派，很怕自己因貪婪而失去了人性，所以他不會爲了賺錢改變心態。比如「死亡保單貼現」是另外一個，簡單說來，就是當老年人手上沒有養老金，只剩下一張壽險保單時，可以折價買進，讓老人拿到現錢養老。表面上是雙贏，但是人性本貪，如果買進了打折的保單，難保不會希望這位老人家早點翹辮子，讓你的IRR（內部報酬率）變高，早點將這張保單變現，轉進其他的投資標的。這樣的自我節制，如果做不到，因爲貪婪而不擇手段，難保不會一而再、再而三爆發像是食用油裡面混入飼料油、甚至工業廢油這樣聳人聽聞的食安問題。

阿瑟學長說這是個他不後悔的決定。

有趣的是，根據蓋洛普調查中彩券大獎後是否還想要繼續工作的意願，二〇〇八年金融海嘯之前，回答想要繼續工作的人比較少，但是經過了這波金融海嘯之後，似乎大眾對於工作有了新的想法。心理學家認為這除了反映一般人對於金錢的不安之外，也反映了現代人選擇工作，對自我定位逐漸增加的重要性，跟工作帶給人們非物質性的滿足感有關。

「回頭看，你覺得**工作應該收入高還是價值高？**」我問阿瑟學長。「你對於這個問題的想法，是否隨著年紀和生命階段有所改變？」

「那還用說。」他說，「我的整個價值觀，隨著我作為一個人，作為一個專業人士不斷成熟，也不斷進化。

「在初出社會時，我一心只想著要賺錢，『財務自由』這幾個字，像是緊箍咒般決定我的行動，除了要財務獨立之外，還要有能力滿足我所有的物質慾望。但是當這些目標都達到以後，我發現第三階段的自己，會將重心放在是否能為我的雇主、我的投資人、我的客戶，還有這個社會帶來『價值』。」

「你說的『價值』是有形的還是無形的？」跟金錢關係向來不怎麼良好的我，對這種說法不禁多少覺得有些可疑。

阿瑟學長似乎看到我作爲一個寒酸的窮NGO工作者的質疑，只是笑著說：

「有形的也要，無形的也要。

「我們或許對於『價值』的定義永遠不會相同，但我們都相信，每個人應該知道對他們自己的生命來說，價值最高的是什麼。無論是有形的還是無形的，還有爲別人跟整個社會帶來的快樂跟福祉，究竟是物質上或是精神上的快樂，需要自己爲自己找到定義，沒有任何人可以告訴另外一個人該怎麼做。但這個答案，卻會決定每個人未來的命運。

「任何收入高的人，幾乎都創造了某些價值，讓他們的雇主，或是顧客，願意付出大把金錢。相對地，很多社會或教育工作者雖然收入不高，但是他們帶給社會的正面能量及巨大改變，卻是非常有價值的。

「不管你覺得『價值』是什麼，如果你不喜歡你的工作，還是早點思索轉換跑道的可能，因爲憂鬱症也可能會致命的！

「我個人對於年輕朋友的建議是，在能求基本溫飽的前提下，做的事情一定要有價值。如果只是收入高，但忽略了精神層面，這樣的工作一定做不久。」阿瑟學長語重心長地說。

金錢誘惑遊戲

我時常有一個問題：「人如何跟一般人難以想像的鉅額金錢相處？」因爲我從來沒有在傳統的定義當中富有過，所以我無法靠著想像回答這個問題。但我知道有一個人可以，而且他會告訴我誠實的答案，那個人就是阿瑟學長。我寫了一封電子郵件，問題是這樣的：

「一個在銀行工作整天面對鉅款進出的分行經理，或是一個基金經理人，面對自己相對微薄的收入（但其實對一般上班族來說，已經是不可思議的鉅額），很清楚地看到這個跟社會大眾的落差時，應該抱著什麼樣的金錢觀？相對的，我們也看到許多旅行社的領隊導遊、名牌精品店的店員、模特兒，因爲隨著客戶進行高消費，也養成自己收入根本負擔不起的昂貴消費習慣，以至於不但無法存錢甚至負債累累。難道是教育程度、眼界帶來這兩種人的差距嗎？如果不是的話，同樣面對金錢的誘惑，爲什麼行爲上會有如此巨大的差異？」

過了幾天，股票收盤以後，傳來了阿瑟學長的回答，全文是這樣的：

「我個人的答案非常簡單：**一切都是價值觀的影響**。

「當然個人的眼界和身處的狀況也有關係。我給年輕朋友的建議是：好好認清事實；你身旁客戶所擁有的鉅額金錢和高貴的物質生活，不可能是莫名其妙就跑到他們面前的。即便你是個跨國大毒梟，你在賺這筆錢的過程中也必須冒著生命危險、逃避跨國警察的追緝、面對自己和他人的道德譴責等等。

「如果你是銀行行員或運鈔車司機，你應該瞭解到你所經手的錢是許許多多善良百姓辛苦存下來的，而你並沒有權力任意動用它。你進這一行的時候，很可能也請親戚朋友做了連帶保證人，如果違反規定，可能會株連到你的保證人。

「至於進入精品界、演藝界的年輕朋友，身旁充滿了光鮮亮麗的人、事、物，更是很難抗拒物質的誘惑。我的建議是：維持健康的心態，不要忌妒比自己早成功或致富的人，因爲他們先前一定付出過我們看不到的努力，才能夠出人頭地。舉例來說，全台灣每年可能有上萬人想成爲明星或名模，可是最後又有多少位能夠變成林志玲？剛出道小模的收入可能連吃飯都不一定夠，但你是否願意接受早期的辛苦，訓練自己走出風情萬種的迷人台步，最後晉升功成名就的超級名模？

「基層的銀行行員月薪可能只有台幣三、五萬元，可是如果禁不起誘惑，你也沒有機會成爲年薪數千萬元的總經理。同樣地，基金經理人手上管理的是善良百姓辛苦存下的資金，如果你能腳踏實地，潛心鑽研產業、判斷趨勢，替投資人長期獲利，那麼你的收入也可以很高，甚至沒有上限（以華爾街的金童們爲例）；但是如果想一步登天，盡做些心術不正的勾當，不但沒有辦法光明正大地享受這些不義之財，遲早會難逃法網。」

不愛錢的人，很難有錢？

先前提過親自見到每一個樂透頭獎得主的台灣彩券總經理黃志宜，他在接受媒體訪問時，曾經說過一段耐人尋味的話：

「我感覺，老天爺眞的很公平。這一百多位幸運得主，主要都是勞工階層，或社會中下階層。眞正本來就很有錢的，只有一位。他們來領獎的時候都穿著普通，印象中，只有一位穿得西裝筆挺。」

這不禁讓人思索，難道窮人比較容易得獎嗎？

我思索自己在緬甸鄉間工作的場景，清楚記得在當地寺廟跟住持討論在鄉間對貧戶的孤兒家庭發放獎學金的方法，我們站在NGO組織的立場說：

「這筆錢是他們的，應該要在開學前就一次發放才對。」

但是寺廟的住持卻說：

「不行。我們要成立一個委員會來代管，而且按月發放。因為這些窮人家，從來沒有見過一筆這麼大的錢，如果原先就負債累累，被討債的黑道逼得快要走投無路，你覺得他們拿到獎學金的第一件事，會先幫孩子買制服、買課本，送孩子去學校，還是會趕快先拿錢去還債？」

我頓時沉默了。

「就算沒有欠債的，他們一定會拿這筆錢去簽賭，因為窮人相信自己唯一翻身的機會，就是賭博，種田、到菜市場賣菜、當捆工，賺辛苦錢是一輩子都不可能翻身的，所以他們完全相信簽賭是唯一有用的理財方式，絕對不會覺得孩子念書是好投資。」

從那時開始，我才開始認眞觀察，發現絕對不是因為社會底層的人特別容易中彩券，而是他們會執著地把買樂透當作理財，但是有錢人不會，只會當作消遣。這情形無論在絕對貧窮的緬甸鄉間，或是相對富裕的台灣，甚至許多窮人心目中遍地黃金的美國，其實都一樣。

黃志宜還在訪談中提到有位中了四點九億的威力彩得主，在得獎之前，已經失業了兩年，受贈當天的記者會，他沒有出席，只寫了一封信。中獎後他找到工作去上班，捐了一億給十九個公益單位。他想要繼續工作的原因，是希望學習足夠經營的技巧，想要創業，幫助其他人賺錢。

「他深知沒有錢的痛苦，所以想幫助更多人。」

答。

除了錢以外，工作給了我們什麼？這個我一開始提出來的問題，似乎在這裡得到了解

我的阿瑟學長，在這個已經一輩子不缺錢的人生階段，退休後重出江湖，說他這回操盤基金，並非為了錢，而是想要提攜後輩，為這個社會帶來價值。或許我錯怪他了，很可能這不是虛無縹緲的表面話。只因為我沒有錢，我的工作沒有讓我跟錢產生這樣良好的關係，不代表我就可以對錢看得比較清楚。

說不定過去的我，總是跟其他沒有太多錢的人一樣，用有色眼光來看待有錢的人。

這一回，我願意學著相信一個什麼都有的人，不一定是市儈、貪婪。無論是因為中彩券頭獎的好運，或是運用聰明腦袋而變得有錢的人，眞心想要幫助別人的渴望，當然可以跟花蓮玉東國中木工班的孩子一樣誠摯。

「所以，你買彩券嗎？」這是我問阿瑟學長的最後一個問題。

「當然會買。」他笑著說，彷彿我問了他一個可笑的問題。「我回台灣雇用的第一位司機，有一天問了句不太得體的話：『老闆，你已經這麼有錢，為何還要買彩券？』我回他說：『我買彩券並不是為了我自己。我已經走到人生的中場休息時段（顯然籃球員又上身），回顧過去，我似乎是個滿幸運的人。既然幸運，我遲早會中個獎吧。就算不中獎，我知道我的錢有一部分做了公益，心情也是不錯的。如果眞的中獎，不論獎金多寡，我都會拿

第6種視野工作語錄
為自己儲備可以隨時當作「備胎」的副業。

第6種視野工作語錄
除了錢之外，
工作給了我們什麼？

來做善事。我自認common sense還不錯，所以應該知道如何分配，儘量照顧到一些我平時就經常幫助的團體，只是金額可能變多了。從我手上分發到這些需要幫助的團體，一定勝過那些不知珍惜，恣意揮霍，甚至在賭場裡輸個精光的案例！』」

聽了這個答案，我忍不住笑了。阿瑟學長眞的很愛錢啊！不過，不愛錢的人，也很難有錢吧？有錢的人，才不會怕錢，視錢爲無法駕馭的洪水猛獸。知道怎麼透過專業，讓鉅額的錢發揮最好的用途，就像知道如何控制水庫的工程師，避免了極端的氾濫和乾涸，老實說這樣滿好的。

我不怕人有錢，只怕人整天談錢。爲了紀念這一天，我也來破例買一張彩券吧！但是只要一張就好，而且隨機選號，因爲我喜歡我的工作，遠遠勝過一夕致富。

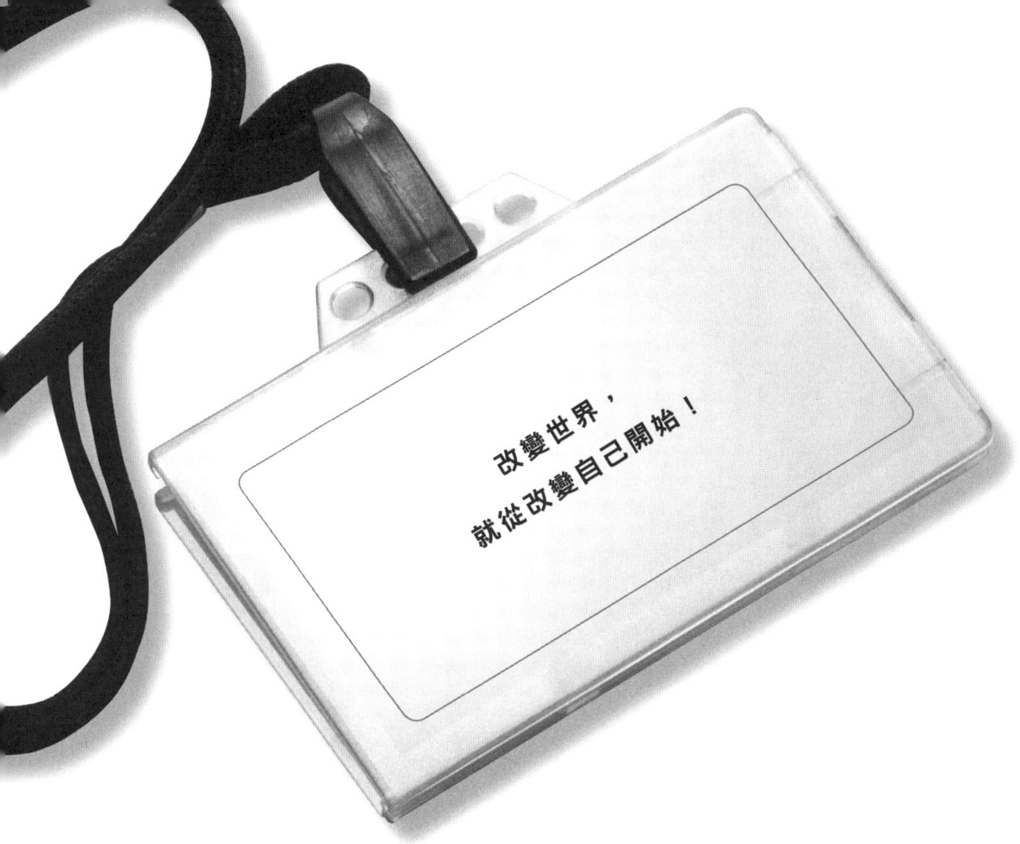

第 7 種視野

改變世界
還是被世界改變

為什麼我們需要手語餐廳

如果說有什麼原因讓我想特地去一趟加拿大東部多倫多市的話，只因我想去一家叫做「Sign」的餐廳吃頓飯。

這餐廳聽起來也未免太神奇了，難道是什麼新時代身心靈的能量料理？之所以想去這家餐廳，並不是因爲這家餐廳是米其林餐廳三星主廚，也不是因爲在網路上有什麼不得了的好評，而是因爲我相信當我有一天，對世界逐漸失去希望的時候，到「Sign」吃晚餐，或許會讓我重新充滿正面的能量——如果我很幸運地可以訂到位的話，因爲聽說自從開幕以來，生意一直不錯。

其實「Sign」只是一家普通的餐廳，唯一不同的是，多倫多這家專門雇用聾啞人士作爲服務生的餐廳，將菜單上面的每道菜圖解成簡單手語，所以每個客人要點餐的時候，都有機會現學現賣，開啓一扇溝通的窗。

「那有什麼稀奇？台灣不是從以前校園就有手語社，電視上那個什麼《五燈獎》節目，不是也有手語歌唱比賽？」記憶好一點的人或許會說。

是啊，五燈獎還有過「髮哥髮姐」歌唱比賽呢。所以呢？

如果曾經接觸過手語歌唱的人，就一定會發現，手語歌無論是教的還是學的，都不是**聾啞人士**。試想耳朵像在清邁的法國神父奧力佛那樣聽不見的人，怎麼知道要如何掌握節奏，表演手語歌呢？

而且手語歌，怎麼說都沒有任何「必要性」可言，難道聽不見音樂的人，看到有人將歌詞比劃給你看，就因此能夠感受到音樂的旋律了嗎？就算手語比得正確的話，頂多也只能知道歌詞大概的意思吧？如果那麼想知道歌詞，為什麼不直接看歌詞就好？**聾啞**人士又不是看不見，也不是不會讀。

意思就是說，流行一時的手語歌，除了能讓正常人自我感覺良好之外，跟真正需要使用手語的**聾啞**人士一點關係都沒有。在我眼中，根本就是正常人莫名其妙的發明。

但是「Sign」卻不一樣。要到這家餐廳之前，顧客都知道為了要點菜，如果按照菜單上的簡單手語，比對了，服務生就知道你要點什麼；比錯了，服務生可以笑容滿面地幫你更正，真的學不來的話，直接指著菜單給服務生看也一定可以。但是這個難得的機會，開啓了所謂**「正常人」跟聾啞人士或許是生平第一次面對面真正的溝通機會**，而不是像手語歌謠那樣，只是在正常人之間製造一種溝通的假象。

「所以那又怎樣？」或許有人還是覺得這沒什麼了不起。

「我很興奮，因爲這是我這輩子第一次有人雇用我做全職的工作。」當記者訪問這家餐廳其中一位服務生時，他難掩緊張、笑容滿面地說。

這些聾啞人士受到雇用的原因，並不是因爲他們被同情，所以安插一些職位，讓他們勉強克服身體的障礙，去做一些他們做得不太好的事情，就像我們覺得盲人就是要去按摩，顏面傷殘就是要去洗車，仔細想一想的話，就不難發現這些行業跟他們的殘障一點關係都沒有，只是販賣一種同情而已。

然而聾啞人士在「Sign」餐廳受到雇用，因爲從自身的生活經驗，比正常人知道耐心溝通的重要，所以他們不會輕易不耐煩，催促顧客、對人產生壓迫感。他們因爲自身的殘障，因此擁有服務生這項工作特別需要的特質。在這個經過設計的環境中，正常人也因此有機會體驗如何跟聾啞人士順利溝通的技巧，未來他們在日常生活中如果遇到其他的聾啞人士，就算無法快速溝通（畢竟總不能每次看到聾啞人士就比「肉醬義大利麵」），也會有過去沒有的同理心。

這不叫社會企業，什麼才叫社會企業？

競爭激烈的餐飲業，爲了出奇制勝，什麼莫名其妙的點子都有人想過，就連把飯菜裝在馬桶形狀的餐具裡，這麼極端的創意都端出來了，爲什麼像多倫多市「Sign」這樣的手語餐廳，這麼簡單的雙贏概念，卻是世界前所未見的創舉？我們想不到的原因，會不會是我們**每個人都想要改變世界，卻沒有想到要改變自己？**

一個沒有想到要改變自己的人，就像我的朋友栩宇光看到的景象，有些來自歐洲的天主教修士，即使遠道去了印度加爾各答德蕾莎修女創辦的「垂死之家」奉獻，卻只願意擦窗戶，做最不髒、不失尊嚴的簡單工作，也不願意像日本志工那樣照顧大小便失禁的垂死痲瘋病人，這些未來的神父，就算有一天他們成爲教宗，我相信也不會是方濟各。

最近正式的數據顯示，每年從台灣到澳洲打工度假的年輕人，已經超過了從台灣到外國留學生的總人數。這是一個有趣的現象。我在演講的時候，有時候會問現場的聽眾，爲什麼台灣的年輕人特別喜歡去澳洲打工度假。

「台灣的年輕人到了澳洲都做什麼呢？」我問。

果不其然，農場工作占了最高的比例，其中果園採果，因爲難度最低，也不需要技術或語言能力，所以又比畜牧、包裝等工作比例要來得更高。

「如果喜歡砍香蕉的話，台灣就有很多香蕉可以砍啊！爲什麼要千里迢迢跑到澳洲去砍香蕉？」我接著問。

這個問題聽來可笑。其實吸引年輕人去打工度假的原因非常多，然而台灣的一些政府官員就犯了這個可笑的錯誤，否則農委會不會洋洋得意地祭出「想要打工度假，不必去澳洲」的農業打工政策。

「因爲薪水比較高啊！」幾乎是最主流的答案之一。

「到澳洲砍香蕉的薪水，能夠高到哪裡去呢？」我問。

於是台下的聽眾，往往根據自身的經驗，或是身邊友人的實例，在網路上爬文得到的印象，認爲在澳洲做砍香蕉的工作，差不多一個月的工資在十萬到十二萬台幣左右。

「那麼換個角度來看，今天如果你是台灣的蕉農，要響應政府政策，雇用這些想要不出國就可以天天砍香蕉的二十多歲年輕人，到你的香蕉園來工作，請問你願意付日薪多少？」我提出這樣的假設性問題，同時還提醒大家一個很實際的考量，「別忘了，你付給工人的薪水，要加進販賣香蕉的成本裡喔！萬一給超過香蕉市價的行情，就沒有人願意買你的超貴香蕉了。」

許多人取笑農委會，竟然認爲台灣年輕人既然那麼喜歡做農事，暑假七、八月分不用去國外，在台灣做就好，每天可以領台幣一千元到一千兩百元之間的工資，結果被外界譏爲「政府完全搞不清楚狀況」，以爲「大家是想當農夫所以才去澳洲」。可是台下的聽眾開始各自盤算一陣之後，無論是城市還是鄉村，聽眾對於農事工資是陌生還是熟悉，最後得到的數字都挺接近，認爲既然不是全職工作，可以承受的上限是日薪一千元台幣左右，最多從來不會超過一千五百元，一個月大概工作十天到十五天左右，基本上，一般民眾跟農委會估算的其實差不多。

也就是說，砍香蕉這樣的工作，如果我們從雇員搖身一變成爲雇主，從勞方變成資方，不是全職工作，也不需要顧慮政府規定最低薪資標準的話，換算成月薪，一般人都說「如果我是香蕉農場主人，我願意付一萬五千元台幣的月薪給砍香蕉的兼職工人。」

聽到這樣的共識後，我總會分享印度聖雄甘地的一句名言，也是我個人從學生時代一直到現在都奉爲圭臬的座右銘：

「Be the change you want to see in the world.」

（**成爲你想在世界上看到的改變。**）

然後心平氣和地說：

「我們都覺得目前的台灣是低薪時代，對於這一代的年輕人很不公平，甚至覺得自己就是受害者，也希望這個低薪時代能夠結束。可是今天一旦轉換角色，自己就會變成那個只願意付給二十多歲的台灣年輕人，每個月頂多一萬五千元工資的雇主。那麼這個台灣的低薪現象，會不會有結束的一天呢？」

聽眾通常在這個時候，會變得異常沉默，一語不發。

很多不滿意自己工作現狀的人，時常將「如果有一天我是有錢的大老闆，我就會如何如何……」掛在嘴邊，但是如果這一天到來的時候，他們卻會做跟原先抱怨、鄙視雇主時一模一樣的行爲，到那時候，他們又會自圓其說：

「沒有當過老闆的人，不會知道當老闆的無奈。」

其實改變世界的，從來就不是職位，而是心態。

改變世界還是被世界改變？

老實說，每次到泰國緬甸邊境的小城美索（Mae Sot），都覺得這是一個特別的地方。但是我所謂的「特別」，可能跟許多嚮往從事國際發展工作的年輕人所理解的「特別」，是兩個完全不同的概念。

我覺得美索的特別，是因為它不但怪異，甚至莫名其妙。

走在這個不大的市區街上，一定會注意到這小小的邊境城市，明明不是觀光據點，卻有很多看起來像背包客的西方面孔，騎著腳踏車跟摩托車來來去去。

實際上，包括台灣的台北海外和平團在內，這個小城有一、兩百個國際組織駐點，大大小小共有六十多個專門提供給緬甸難民的移工學校，如果要找出這個城市的重點產業，那一定不是農業、不是工業，也不是商業，而是國際救援業。

作爲一個緬甸事務的NGO工作者，我對於觀察這個小城NGO工作者的「階級」特別有興趣。只要騎腳踏車的，肯定是剛來不到一年的菜鳥。所以看到騎腳踏車的，無論是商家或是NGO組織，都沒有人把他們當成一回事，基本上他們就是待得比較久的觀光客、背包客。

來了一年以後的老鳥，通常就會「進階」到騎摩托車，有摩托車以後，在當地才算是號人物，一路上也都會有人揮手打招呼。

這些人當中，有幾個假以時日，可以成功變身成「大咖」，那時候的身分地位表徵，就是開小卡車（pickup truck）。開小卡車的此時跨越種族、國籍，自成一個領袖階級，無論是泰國人、緬甸人，或是西方人，基本上在美索就有了如如不動的地位，能夠呼風喚雨，喊水會結凍。

表面上美索的存在是一個時代的悲劇。過去幾十年來，緬甸的內戰以及軍政府的殘暴，讓主要來自於跟泰國西部接壤的緬甸東部克倫族難民，大量聚集在美索。因為這些難民不願意回緬甸，又沒有泰國的通行證可以進入泰國其他地方，所以就像雨後泥漿路當中形成的一個個小水塘，不知不覺擠滿了蝌蚪。而許多的蝌蚪中，只有一些可以幸運長成青蛙，有的是因為能力強，或是英文程度好，一開始在當地NGO組織中當翻譯或是打雜的幫手，但是久而久之外國志工來來去去幾輪之後，就變成了無可取代的地頭蛇。

那些關係好，特別多金，或是純粹運氣好的，只要等個幾年，就可以得到歐美先進國家的難民安置缺額，以難民身分移民到日本、美國或是對於緬甸難民特別寬厚的北歐國家。年輕一點的，或許可以透過美索的這些國際NGO組織，申請到全額獎學金到國外念書，之後再想辦法留下來。國外沒有有力親友的，不愛念書的，或是不想去冬天會下雪的國家，只要有錢，遲早也能透過各種管道取得泰國身分，從此到曼谷、清邁這兩個大城市去隱姓埋名開始新生活，無論如何，都一去不回頭，對美索不會有一點眷戀。

這些人對於被安排去哪個國家，還挺挑剔。美國大家都不愛去，因為北歐國家，都有完善的社會福利制度，就算不工作也餓不死，但到美國的話，一落地就要自力更生找工作，往往是農場或是工廠的粗活。所以就算可以變成美國公民，也覺得自己很衰，就像當兵抽到金馬獎一樣。

如果沒背景又沒錢，還有一個捷徑，那就是想辦法跟當地的外國NGO工作者戀愛結婚，取得了外國護照，無論是否離開美索，也不管結婚的對象是騎腳踏車的、還是開小卡車的，或是結婚以後拿到外國身分後很快離婚的，在同儕之間的身分地位，立刻都自動上跳三級。

至於其他黑壓壓的蝌蚪，什麼都不是的，有的留下來得過且過，在當地緬甸黑道跟貪汙的泰國警察夾縫中求生存；有的實在混不下去了，摸摸鼻子也只好收拾包袱回緬甸去，回家鄉以後突然變成「歸國僑胞」，穿著時髦，出手闊綽，還會說點英文、泰語，茶餘飯後可以吹牛自己在泰國的見聞跟豐功偉業，只要不被其他同鄉戳破，也挺風光的。

原本只是臨時性的難民營，不知不覺緬甸難民的第二代、第三代都在這裡出生，對於這些他們的世界只經驗過美索、政府只知道有泰國的年輕難民來說，要他們自己說的家鄉是從來沒去過、也不想去的緬甸，實在很牽強，因爲如此，美索一年變得比一年奇怪。

騎腳踏車不到半小時就騎遍的小城裡，六十多個移工學校，背後有一百多個來自世界各地大大小小的國際組織撐腰支持，每一個組織的工作者，都要爲自己的「業績」跟薪水尋找正當性，在這激烈的競爭當中（競爭的對象是難民），業績好不好，無非就是看自己的機構服務人數有沒有「成長」，是不是今年比去年吸引了更多的難民，「服務」到更多的緬甸人。但那麼小的邊境城市，加上緬甸政府又快速走向開放民主化的腳步，去哪裡找那麼多的難民？奇妙的是，當國際救援本身變成一種事業體的時候，成功的定義就變調了。雖然成功就是要讓難民再也不是難民，可是這樣的成功意味著失業。在全球經濟不景氣，年輕人難找工作的時代，就算在美索的NGO組織工作，收入微薄的工作者，找到更好的出路前，沒人想失業。於是美索的難民就在這樣的結構中成爲NGO組織脣齒相依的夥伴，脣亡齒寒，彼此相依取暖。

我的台灣朋友Yvone，一面在倫敦的亞非學院（就是我的緬文老師歐克爾老先生任教的學校）念博士，一面寫了一本她在美索經驗的書，書名叫做《105號公路》，我們私下聊天的時候，她開玩笑說：

「美索的NGO工作者，見面的招呼語應該是：『祝你早日失業』。」

我再同意不過。但是在這些國際NGO組織拿出道德勇氣的這一天之前，我只能說，那些自以為在改變世界的，其實也只是在雨後水塘爛泥漿裡的一群蝌蚪，躲在自己的小世界裡，不知道該如何面對外面正在不斷改變的世界而已。

第7種視野工作語錄

「Be the change you want to see in the world.」
（成為你想在世界上看到的改變。）

第7種視野工作語錄

美索的 NGO 工作者，
見面的招呼語應該是：
「祝你早日失業。」

如果失去善良，那麼好人與壞人無異

美索最亮眼的金字招牌，應該就是辛希雅醫師創立的梅道診所，專門免費爲泰緬邊界的緬甸貧民提供醫療，台灣政府長年來也是主要金主之一。我那位在那裡擔任物理治療師的朋友，也是我在緬文特訓班的澳洲同學羅姿琳說她在梅道診所遇到的道德困境。

由於和美索接壤的就是緬甸境內克倫族的自治區，所以診所裡的工作人員大多數都是克倫族，而大多數的醫療人員，從醫生到開救護車的，幾乎全都是基督徒。有一天，診所來了一個年老的伊斯蘭教徒病人時，我這位澳洲朋友眼睜睜看著全醫院上下都有意無意地忽略這位病患，甚至讓他在走廊就這樣躺了兩、三天，即使比他晚來的人都得到照顧了，這位老人還是沒有病床。

當我的朋友終於忍不住，問醫護人員爲什麼沒有人照顧這位信奉伊斯蘭教的老人時，工作人員一臉理所當然地說：

「我們的宗教從小就教導我們，晚景淒涼孤苦無依的，年輕時一定不是好人，所以他會落得今天沒有家人照顧的下場，也只是剛好而已。這就是他的報應。」

在我們外人眼中，很明顯地這並不是孤單老人無可避免的宿命。根本是強調人道的免費診所的受薪工作人員，加諸在這位年邁病人身上的惡運。

所以就算有了一份可以改變世界的工作，**表面上做著充滿光環的好事，卻帶著僵固的觀念，站在自己的立場對別人任意做出價值判斷，那麼跟一個加害無辜百姓的壞人，又有什麼兩樣呢？**

難民營的難民，常常跟我們想像的不一樣。實際上在遇到戰爭時有能力逃出來的，通常是關係比較好，也比較有經濟能力的人，眞正沒有錢又沒辦法的人，只能躲進當地的寺廟或教堂裡去避難，根本出不了國境，於是他們就成了所謂的「ＩＤＰ」（Internally Displaced People），在自己國家流離失所的人。然而想要得到更好的生活，或是想要得到更好的海外教育的學生，跨過緬甸邊境到了美索成爲經濟移民，這些人，算不算難民？

無論是不是眞正的難民，他們是否值得幫助？

那麼那些沒有辦法離開國境，只能在自己的國境內當難民的，是不是就比較不需要幫助呢？

如果我們因爲自己的宗教信仰，或對於善惡的信念，比如相信選擇素食主義者，相信自己在道德上優於選擇肉食或雜食的人，所以有意無意之間用自己的方式來譴責、懲罰跟自己不同的人，那麼在我眼中，就不算眞正的善良。即使終日在梅道診所爲人診治，或是在「垂死之家」奉獻，但是選擇性地行善，卻讓他們跟壞人無異。

鬧哄哄的行銷案，不會變成真心關懷

有一個臉書上的朋友問我：「請問爲什麼到目前爲止，都沒有人點名你挑戰自淋冰水？」

理由很簡單，我不是富人，也不是名人。

但我相信，我是個善良的人。

爲漸凍人症募款的「挑戰冰桶潑水」（Ice Bucket Challenge）公益活動在各地引起風潮，挑戰者在二十四小時之內可選擇拿起一桶裝滿冰塊的冷水朝自己潑下去，或捐一百美元，或兩者都做，完成後還可指定三名挑戰者。

老實說，我雖然關心漸凍人，以及所有其他需要社會更多關注的罕見疾病，尤其是早發性的阿茲海默症，以及自閉症成人的養護，但我很討厭這個自淋活動。雖然這個遊戲的起源說法不一，可以確定的是顯然來自行銷高手，通過美國體育台的推波助瀾，跟疾病本身基本上沒有太多直接關係，類似的手法，在紐西蘭也使用在癌症的募款活動上。

我不介意將一些遊戲的趣味放進慈善活動之中，這個成功的活動，鼓勵我們做對的事，但難道你不覺得這跟小時候我們玩「抓鬼」的遊戲似曾相識嗎？人被抓到以後變成鬼，然後要找下一個人當「鬼」。行善爲什麼等同於躺著也中槍的倒楣事？

眞正讓我生氣的是，世界上那麼多需要潔淨飲水卻無法奢求的人，還有更多沒有冰箱、電力可以用在製冰的人，我們卻眼睜睜看著有錢人以慈善之名，毫無意義地浪費珍貴的資源，夠大牌的話，甚至還有SNG車現場直播。

「誰敢點名我，一定會被罵到臭頭！」我心裡暗自想著。

當然，像金城武那樣，拿除濕機的回收水來自淋的變化形，無論是眞的還是假的回收水，無疑是經過高人指點，讓潔癖如我，也啞口無言的高招。

激情過後平心而論，這樣的成功，跟二〇一二年網路上瘋狂轉載「Where is Kony?」的高明市場行銷手法有什麼兩樣？這個世界上幾乎沒有人聽過的烏干達叛軍領袖，瞬間變成家喻戶曉的名人，不只美國的中學生，連台灣網民都染上熱潮，似乎只要有一點正義感的人，都應該分享這段三十分鐘的影片。

我想請問，今天還有多少人記得這件事？你知道Kony的全名是什麼嗎？（Joseph Kony）又有幾個人注意到二〇一四年美國總統歐巴馬指派了一百五十個特殊任務部隊，搜索Kony下落的重要新聞？

你可能當時也在臉書上分享了這段影片，但是你不知道剛才那幾個問題的答案。你不知道的原因，並非因爲記性不好，而是因爲就算偶爾做了對的事情，不代表眞正關心。

我們都想做對的事，但我必須很掃興地說，沒有眞正的善良，無論是肉搜Kony，爲漸凍人募款，上街頭反核，支持多元成家，看哈佛教授的正義課，還是反對黑箱服貿，都只是瞎起鬨罷了。過了幾個月，原本比生命更重要、熱血沸騰的正義感，只剩下聳聳肩，跟朦朧模糊的記憶。

因爲永遠有下一件讓我們脈搏加速的事情，高舉著正義的旗幟，在不遠的前方向我們招手呼喊。

但**眞正的善良，究竟是什麼呢？**

別忘了，是行銷公關公司創意人的天才，而不是病患或是非營利組織本身，想出拍攝Kony影片放在YouTube上讓年輕人瘋傳，或設計出「挑戰冰桶潑水」讓名人當鬼的。可是如果出發點缺乏了善良，再大的轟動也只是曇花一現，頂多變成大學行銷課堂上的案例，不會變成眞正的關心。

眞正的善良，會表現在每一天，跟每一個人的互動當中。如果一定要潑冰水，請記得回收再利用。

還有，這種事眞的不用叫記者派SNG車現場連線。

夢想要反覆練習，才能成為專業夢想家

如果說這些在美索上百個國際NGO組織工作的外國人，對於緬甸承受的種種苦難，都只是無足輕重的「外人」，那麼什麼樣的工作，才能眞正改變角色，不再是隔岸觀火，而是命運共同體的一分子？

作爲一個國際NGO工作者，我常常花時間在解釋，一個人「把慈善當作專業」，跟「透過慈善當一個好人」是兩種完全不同的事情。

有一些外來者，透過跟難民營的緬甸人結婚生子，因而改變身分成爲「自己人」，但這樣的例子畢竟有限，總不能學北韓，強迫他們從國外綁架來的外國男性，跟政府安排的當地女性成婚，另組家庭，讓他們因爲親情的牽絆，不再想著要逃離鐵幕，這畢竟是非常極端的做法。

那麼**什麼時候才會從一個「外人」變成一個「自己人」**？當我們的工作是面對他人的不幸時，我們眞的願意改變自己當個無關痛癢、安全的局外人，甚至「參觀者」的身分嗎？南

韓記者兼紀錄片導演李學俊，爲了拍攝「脫北者」從北韓逃難的實況，二〇〇七年三月到二〇一一年十月，超過四年半，跨越韓國、俄羅斯、烏茲別克、吉爾吉斯、中國、寮國、柬埔寨、泰國、日本、美國、英國、瑞士、比利時、西班牙、荷蘭等十五個國家，展開對脫北者的漫長採訪。

首先，他必須先偷渡進入北韓，放棄自己的身分，與北韓的難民一起跟著人蛇集團體驗逃離北韓魔掌的過程。他和脫北者們生死共患難，一同越過國界和公海的兩萬公里路，一天中可能得爬行十八到二十小時的山路，在中國與北韓的邊境上遇到了人口販子，和販賣毒品的北韓軍人討價還價，中途當然也有撐不下去而死亡的。難民中有爲了讓故鄉的父母不必再挨餓而把自己用韓幣一百萬元（約二萬九千元台幣）賣到中國偏僻農村當生育機器兼苦工的少女，也有被迫注射毒針流產的婦女。這些殘酷的現實都在鏡頭和文筆下赤裸裸地呈現出來，最後終於完成了《跨越天國的國界》系列紀錄片跟《我想活得像個人：脫北者的邊境血淚故事，來自南韓的眞實紀錄》這本書。他所承受的危險，跟其他脫北者是一樣的，甚至冒著更大的風險，畢竟他可能會因爲他的攝影機，連累這些脫北者也說不定。

李學俊跟著脫北者非法越境，不是只有一次，而是十二次，包括坐船偷渡兩次，其間一共採訪了三百多個脫北者，其中有的躲在北韓派到西伯利亞當伐木工、幫國家賺取外匯的伐木場，奔跑穿過西伯利亞結冰的樺木林，避過俄羅斯軍人的子彈射殺，終於跨越邊境。

即使如此，李學俊在這本書的序言中卻謙虛地說：

「這就是上天給我的宿命。雖然注定得面對無法逃避的命運令人悲傷，但從另一方面來看，能夠揭開這些不爲人知的眞相，將會是一件很有意義的事情。我和脫北者們相處的時候也學會了很多，我瞭解那些人因爲找不到地方落地生根的悲傷，也學到了對生命的熱愛。很謝謝他們，讓我也有時間去回頭審視走過的人生，因此我這個膽小的記者便鼓起勇氣，準備再度啓程。」

他付出如此高的代價，只是爲了揭露一個不爲人知的眞相。然而當網路變成像一串鑰匙般可以隨身攜帶的時候，「做好人」似乎變得太簡單，我們可以隨時到任何一個像www.globalgiving.org這樣的國際慈善募款入口網站，按照受歡迎度，或是地區，像在超級市場逛一行一行的貨架那樣，觀賞架上陳列著各式各樣待價而沽的不幸，從中選擇動物、藝術、文化、兒童、氣候變遷、民主與治理、災後重建、經濟發展、教育、環境、健康醫療、人權、人道救援、饑荒、微型貸款、科技、運動、女性……喜歡的就放進購物車裡。

當然，你也可以選擇以地區別來「選購」世界各地的災難，非洲、亞洲、大洋洲、歐洲與俄羅斯、中東、北美、中南美和加勒比海地區。意思就是說，如果今天正巧特別關心緬甸的話，網站上此時就有十二種不同的計畫讓我隨意選擇捐助。

關心時事的話，也可以像商店推出本週精選商品那樣，專門挑選現在新聞上正熱門的話題，像是救助敘利亞的難民，幫助菲律賓颱風後的重建，日本東北地區海嘯後的復原工作。無論多麼巨大的災難，只要有十元美金，相當於三百塊台幣，任何人都可以下單「選購」一個計畫，立即享受作爲一個「好人」的感受。

我一直覺得，這種超級市場風格的慈善募款計畫，門檻太低，會造成一個誤解，好像只要每個人掏出十元美金，**有了錢，世界上就沒有解決不了的問題。這種態度讓像我這樣的專業工作者，憂喜參半。**

是不是只要你有十元美金，就可以像進超級市場一樣，看著貨架上琳琅滿目的災難，挑選你想要買的「商品」？誰賦予你挑揀的能力？所謂的P2P讓捐款者與募款者可以直接對話，但只是因爲你比需要這筆錢的人，多了十元美金，就讓你有權利可以拿著放大鏡檢視別人嗎？

當災難變成商品化的時候，也有像flyingV這樣在台灣向群眾募集資金的Crowdfunding（群眾募資）計畫。雖然表面上與募款很類似，拿出一百元台幣就可以參與，卻有本質上絕對的差異。

因爲提案者站在商業效率的立場，公開自己的募資計畫，並提供相應的回饋吸引群眾贊助，以獲得足夠的計畫支持者與執行費用，就像在網站上說明的：「產品設計者能預先掌握生產量，有效降低開模、庫存的負擔；非產品的提案者則可以直接向支持者募取資金，讓計畫能順利執行、並得到即時的建議。除了資金外，在集中各領域使用者的群眾募資平台上揭載專案，過程中也能達到推廣、宣傳和行銷專案的效果。」如此既不是逛災難超市購買好人卡，也不是當創投尋找下一個臉書或下一隻憤怒鳥。

目前台灣的群眾募資，因爲法令限制，將贊助者投入的資金都視爲捐贈。贊助者投入資金後，可以獲得提案者承諾的回饋，這屬於「附條件式的捐贈」。但在一些國家，也有接近創投的群眾募資平台，創業者透過群眾籌資，以債權性質或股權性質呈現。flyingV是目前爲止台灣最大的募資平台，也是全世界第一個與主管單位（金管會櫃買中心）簽訂合作的群眾集資平台。

募款跟集資，這兩種表面上都是募集金錢完成夢想的方式，對我來說，卻有一個很重大的區別，那就是「回饋」這兩個字。**好人**、**行善是一種主觀的感受**，**但實質的回饋**，**則是一種商品**、**一份承諾**、**和一種無可諉卸的責任**。作爲一個NGO人，我羨慕flyingV能夠堅持把對支持者的回饋，在設計階段就放進夢想者的心裡，採All or nothing（未達募資目標則全額退還）的制度，也提醒提案人不能夠中途七折八扣、便宜行事。

希望這樣對自己夢想負責，並且不會忘記感恩回饋的執行方式，能夠生根在築夢的建築藍圖中。不只學會如何找資金，更重要的是，在這夢想的修羅場反覆練習之後，知道要成爲專業夢想家，除了自己的能力之外，還需要得到多少人的支持，將對於支持者的感恩回饋，變成一件理所當然的事，然後，**學習成爲一個眞正的「好人」**。

第7種視野工作語錄

就算偶爾做了對的事情，
不代表真正關心。

第7種視野工作語錄

一個人「把慈善當作專業」，
跟「透過慈善當一個好人」
是兩種完全不同的事情。

不用等到有錢，也不用等到功成名就

這樣透過工作練習當一個好人，學習改變世界，應該從什麼時候開始？每個人眞的都要等到自己變成富裕的大老闆那天，才願意開始嗎？

「等我有錢以後再說。」每次聽到這樣的玩笑話，我的心裡都會酸楚一下，但又忍著不能爆發。

我很想告訴他們一個故事，發生在花蓮一個偏鄉部落，普遍學習低成就，會考在「待加強等級」的某國中木工班學生。這些國中生雖然不大會念書，在社會傳統的眼光中，將來出社會也不會有什麼前途，但他們卻願意透過勞動，義賣自己的木工作品，讓他們從原本被社會幫助的人，變成有能力去幫助需要幫助的人。

我們之中其實很多工作多年的社會人，遠遠比不上這個木工班的國中生。

拜我的朋友淑玲老師之賜，我才知道在花蓮山區一個全校不到一百個人的偏鄉學校裡，有這個木工班的存在。

擔任輔導工作的淑玲老師回憶說二〇一二年九月剛去學校報到，與九年級阿華、小安這些木工班學生接觸時，從來沒有聽過什麼叫做「輔導老師」的學生們好奇地問她：

「老師妳到底是做什麼的？」

「老師，有心理問題才能去找妳嗎？」

淑玲老師跟他們說：「只要是我們學校的學生，每個人都可以來輔導室，也都希望能傾聽跟陪伴，而能將煩惱跟心裡的話說出來是很棒的。」

對這些從小時常被大人背叛的孩子來說，他們也想測試這個新來的大人，究竟是否表裡如一，真的值得信任。

木工班的阿華、小安，常與老師衝突、不上課、發洩憤怒、打架、偷竊，一副任何事都看不順眼的樣子。學校老師都很努力，沒有放棄他們，仍是鼓勵與關心，只是對孩子來說，生活並沒有很大的改變，日子就是這樣一天一天過。

阿華每次看見老師時的招牌動作，就是先將下巴一抬，然後用口頭禪「怎樣」來打招呼，喜歡用打架喬事情，算是全校最「大尾」的。但阿華逐漸會去淑玲老師的輔導室走動，找老師聊天，淑玲老師也才發現，原來外表強悍的孩子，內心有著脆弱柔情的一面，也會有擔心自己在班上的人緣不好，愛情不順利的沮喪。

「當他臉上掛著有些傻氣的笑容，願意靜下來的時候，靦腆、體貼、照顧的特質，才是這年輕人的眞實面貌。」淑玲老師這麼說。

創立這個技藝木工專班，簡稱「木工班」的王嘉納老師，也看見了阿華細心的特質，將他安排做木工基礎極爲重要的車床工作。手的穩定感訓練，又能專注去感覺木頭在手上粗細的大小變化，木工班一年的學習，因此改變了阿華的生活與生命。

嘉納老師常跟學生說「貧窮是我們的導師」「計較是貧窮的開始」，用這些話來勉勵學生做事不要挑簡單的，不計較才能獲得更多。阿華在學習過程中漸漸將嘉納老師的勉勵聽進去，漸漸願意專注在木工的學習上，即使過程辛苦。當木工作品一件件完成時，同時也漸漸增加阿華的自我成就感了，「原來我眞的可以成功完成一件事！」學習在阿華身上有了眞實的意義。

二〇一三年在臺北舉辦的木工展，成了一個轉捩點。在十多天的展期中，阿華要親自面對各式各樣的陌生人解說自己的作品，透過他人的回饋與肯定，阿華的自信漸漸增加，「原來我眞的值得讚美！」也因此堅定了阿華職涯的選擇。那年暑假，他就到工作坊打工，賺取自己的生活費，從來沒有打算升學的他，畢業後選擇就讀台東一所高中的文化創意科，繼續木工的學習。

這是阿華人生中**第一次有強烈的動機爲自己的命運做一些什麼努力，也是第一次感受到**

自己擁有希望。

當然，要在學習上補回過往的不足並不是一件容易的事，雖然辛苦，但至少心甘情願。上了高中的他，與其他學生一起回到學校跟學弟妹交流，淑玲老師知道他能夠從家裡得到的經濟支援很少，常常一天只能吃兩餐，學費也要自己籌措，眼前的人生還有很多困難險阻在等著他。但是他這個在別人眼中需要接受幫助的人，卻老氣橫秋地跟學弟妹說：

「我們做出來的成品，可以拿來義賣，拿到的錢，就可以幫助需要幫助的人……」

看到確認人生目標的他，一步一步往前進，一路在順境中成長的淑玲老師，覺得阿華更像是一份彌足珍貴的生命禮物。改變世界，就從改變自己開始，年齡、時間或身分條件，都不是限制或阻礙。

「加油吧！阿華。」我默默地祝福這個只見過一面的年輕人，「因爲有一天，當大多數人抱怨人生無奈的時候，你卻會成爲改變世界的木工。」

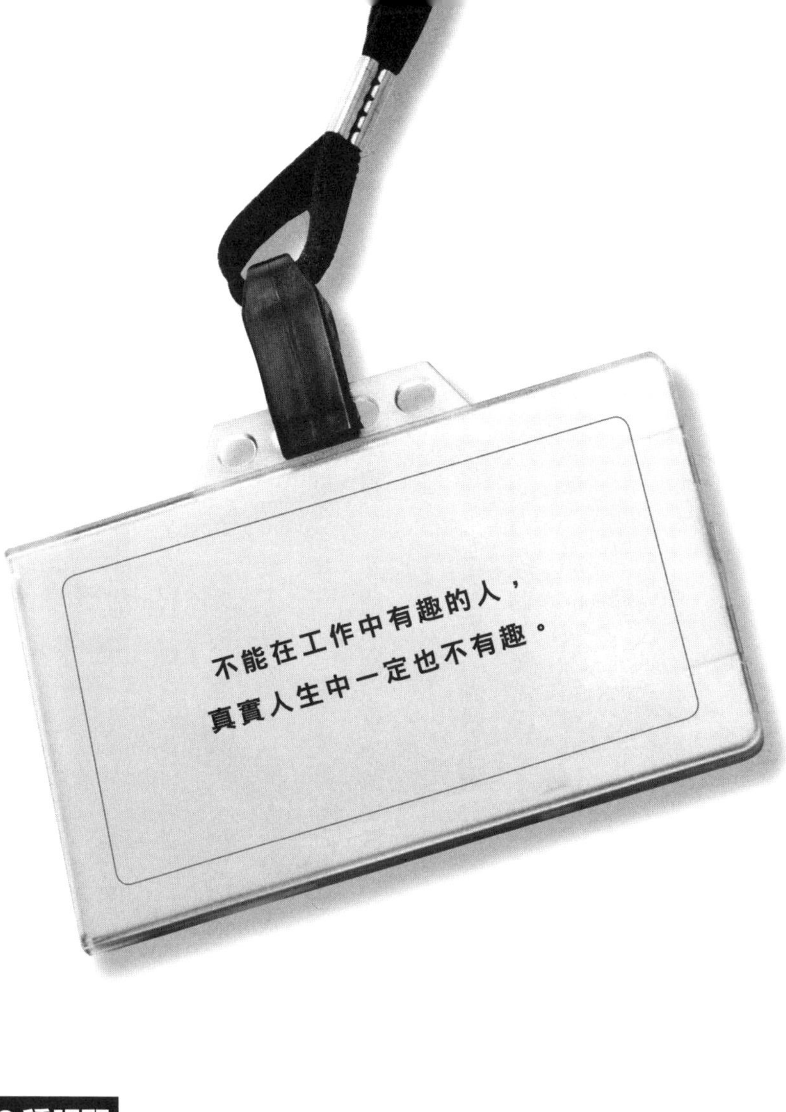
不能在工作中有趣的人，
真實人生中一定也不有趣。

第8種視野

換工作也要換腦袋

封閉的價值觀，飄洋過海受考驗

二〇一四年秋天，澳洲雪梨發生了一起雇主種族歧視的事件。

主角是一名叫做尼爾森（Nilson Dos Santos）的巴西移民，事發當時三十九歲，從事咖啡師工作已有九年，是澳洲公民。

他到雪梨一家叫做Forbes and Burton的咖啡館求職，打電話面試時，老闆問他來自哪個國家，尼爾森說「巴西」，於是安排隔天面試。

隔天當尼爾森走進店裡，老闆顯然感到有點錯愕，對他說：「你是黑人？」

尼爾森雖然覺得被這樣問很不舒服，仍然客氣地說：「對，我是黑人。」

想不到老闆竟然立刻回答：「你不能在我的店裡工作，我的顧客是白人，他們不喜歡由黑人為他們沖泡咖啡。」

尼爾森氣不過，當場將老闆說的話，傳達給當時正在店中喝咖啡的顧客，顧客一聽，也跟著憤怒地離店，而且揚言不再光顧，更有員工即時辭職，表示不能接受替一名戴著有色眼鏡歧視別人的老闆工作。接下來幾天，這家咖啡館遭到了不少網民和當地居民的抵制，不但沒有顧客上門，還有人朝著店裡扔麵粉。很快地，這家咖啡館就關門大吉了。

這家咖啡館的店主，是九個月前從上海移民到澳洲的中國人Steven Hu，既不是澳洲公民，連永久居留權都沒有。他是爲了要取得永久居留權，所以用投資移民的身分開了這家咖啡館，條件是投資者必須成功營運兩年，才能拿到居留身分，但是顯然這件事讓他的移民夢破碎了。

事發後這位胡先生在接受電視台訪問時還爲自己辯護，認爲大部分咖啡師要不是白人，要不就是亞洲人，所以他不想聘請黑人，是爲了想提供顧客最好的服務，結果只是越描越黑，就算後來再道歉也已經於事無補了。胡先生萬萬沒有想到，他封閉的價值觀，並不能漂洋過海接受考驗，在一個講究公民權利的國度跌了一大跤。

我雖然不知道這位胡先生是誰，但我願意相信他並不是一個壞人，只是沒有想通一個簡單的道理，那就是如果澳洲是個容許種族歧視的國家，白人就不會到他一個剛來澳洲幾個月的中國人開的店裡喝咖啡，所以他怎麼可以有理由歧視黑人應徵者？這就是他換了一個國家，從事一份新工作時，**只記得認眞工作，卻忘了換一個腦袋**。

「工作」本來就是動詞

胡先生，可能不是唯一一個只記得換工作，卻忘了換腦袋的人。

我有一位在中央機關當公務員的朋友，他說雖然已經快十年了，還是不能理解同事們爲什麼每天早上十點半及下午三點半一聽到健康操的音樂，無論是否公文正寫到一半，一定立刻丟下工作到走廊運動。下班時間一到，就算工作沒做完也一定趕快準時下班，否則好像會有「虧到」的感覺。行動的選擇都以「別吃虧」作爲出發點，而不是自己適不適合、或是需不需要。

當一個人不斷嫌主管不好，同事太機車，彷彿全辦公室只有自己是最忙碌的人，但仔細觀察後，往往會發現全辦公室最討人厭的，其實就是自己。只想準時上班、準時下班、準時睡覺，每天堅持按照自己厭惡的規律、不願意改變的人，多麼令人不快！

要如何解釋這種現象？那麼多人寧可做著他們痛恨的工作，也不願意採取行動去改變現況，時間長了，甚至鼓勵他們的下一代去走同樣的路，在我眼中這無非是另外一種變相的「斯德哥爾摩症候群」（Stockholm syndrome）的人質情結，是被害者對於加害者產生情感，甚至反過來幫助加害者延伸的一種情結。

不滿意自己生活狀態的人，常常會有現實無法改變的錯覺。不敢行動，不敢面對改變，卻回過頭來說服自己：「其實這樣的人生也很不錯。」久而久之，就會變成沒有生命力的人。

我的緬語老師歐克爾是英國人，如今已經八十多歲了，大學時代原本在牛津大學念古典希臘文學，畢業以後適逢二次世界大戰結束沒幾年，念古典文學的要找工作非常難，他最後找到倫敦大學亞非學院，當時的老師說：

「沒辦法，我們只缺緬語的受訓生，你來不來？」

就這樣，年輕的歐克爾，就在因爲找不到其他出路的情況下，抱著姑且一試的心情下，誤打誤撞進入了緬語的世界。嚴格說來是個意外，卻因此開啓了一場他五十年來無怨無悔的異文化之旅。

「與其說是我選擇了緬語，還不如說是緬語選擇了我。」年逾八十的歐克爾老師，常常這樣告訴學生們。

我的好友賴瑞，是美國波士頓大學英語系的系主任，他專攻西印度群島文學。從小生長在紐約的他，大學主修的是古典希臘文學，專攻「荷馬」，一九七一年的時候正在耶魯大學寫比較文學的論文，在圖書館大量閱讀的時候，意外發現加勒比海原來也有具可看性的文學作品。他說當時的感覺就像「第一次發現貝多芬竟然有寫四重奏的同樣興奮」，因緣際會一腳踏進前所未聞的加勒比海文學研究，也因此成爲這個領域的世界權威。

我說這兩個故事的原因是，**工作不是一條直線，人生本來就是動詞，用行動翻轉人生，其實沒有我們想像中那麼不得了。即使是一個意外的人生岔路，選擇了一個行動，也可能開啓全新的道路**。

就像日本作家三浦紫苑原著小說《哪啊哪啊～神去村》改編的電影《Wood Job!》，裡面描述一個大學考試落榜，整天渾渾噩噩，只想著交女友的十八歲東京高中畢業生平野勇氣，想重考又懶得去補習班待一年，忽然被女友甩了以後無所事事，偶然看到伐林業招募見習生的廣告，只因爲被廣告單上的美女吸引而去報名。一個過去對於自然從來沒有感情的年輕人，到三重縣深山裡的「神去村」，開始了作夢也沒想過的伐木生活。一年的見習時間期滿後，發現**原來已經找到了人生的方向**，從此決定留在山裡當伐木工。

或許這也是爲什麼，我特別認同跟我同年齡的美國作家唐・米勒（Donald Miller）寫的一本書，叫做《把人生變動詞：用行爲改寫你的生命故事》（A Million Miles Thousand

Years），還有日本暢銷書作者石黑謙吾（他也是《再見了，可魯》的作者）的《7個動詞，就能改變人生》。因爲**我們往往花了太多的時間在猶豫不決、躊躇著裹足不前，而忘記了簡單行動的重要**。

我相信行動可以轉換思維，甚至改變命運，否則我的歐克爾老師不會陰錯陽差成爲世界級的緬語權威，在他的身上，我清楚看到行動的力量。

我記得我曾經問這位公務員朋友：「你是怎麼在這樣的環境下保持自己行動的力量？」出乎意外地，他告訴我一段被稱爲二十世紀三大詩人之一的里爾克（Rilke）寫的《給青年詩人的信》：

「如果生活在你看來乏善可陳，請不要責備生活，而應該責備自己。你要承認自己沒有足夠的詩意逗引招來絢爛華麗。」

如果說臉書或社群網站是我們希望別人看到的自己，那麼工作就是我們的眞實面。大多數人都誤以爲自己是有趣的人，只是被工作耽誤了。其實不能在工作中有趣的人，眞實人生中一定也不有趣。里爾克說的「詩意」，其實就是石黑謙吾提出的七個動詞：「衝撞、劃分、開啓、跌倒、連結、分離、笑。」，因爲人生就是一場行動劇，沒有行動的人生，就沒有可看的情節。

第8種視野工作語錄
即使是一個意外的人生岔路，
選擇了一個行動，
也可能開啟全新的道路。

第8種視野工作語錄
人生就是一場行動劇，
沒有行動的人生，
就沒有可看的情節。

換工作 認識自己

我們眞的知道自己要的是什麼嗎？我們現在會說如果中了樂透彩頭獎，一定還要繼續工作，但是如果眞的發生，你確定自己隔天還眞的會睡眼惺忪地搭著公車，開開心心帶著便當去上班嗎？

只要回想自己從小寫的「我的志願」，再看看現在的自己，就知道其實沒有幾個人可以正確預測什麼行動會爲自己帶來眞正的快樂。實際上根據哈佛大學的幸福學專家Daniel Gilbert所說，大多數人對自己的預測都超不準，所以不斷地嘗試、修正，是唯一有效找到幸福的方法。

我相信在**這摸索的過程當中，就算沒有找到幸福，也會變得更加瞭解自己。而摸索適合自己從事的工作，這個過程，就叫做「換工作」。**

根據美國勞動統計局（The Bureau of Labor Statistics）經濟學家Chuck Pierret根據一萬名受訪

者做出的最新統計資料，十八歲到四十二歲的美國人，平均換過一〇點八個工作，每個工作平均做四點四年，但是預計一九七七到一九九七年之間出生的美國人，未來他們每個工作大概只做兩年多就會換工作，也就是說，他們的職業生涯平均會換十五到二十個工作。

以十六歲到十九歲的年輕人來說，有百分之七十五的機會同一份工作做不到一年，二十歲到二十四歲，也只有一半的人目前的工作有做滿一年。年紀越大，換工作的成本越高。美國商業週刊（Business Week）的Richard Florida也做了一個專題研究，發現三十歲以下的人平均每份工作維持一年半左右，而全國平均大約是一份工作三年。所以趁著出社會早期多換工作，除了可以增加更多元的職業技能之外，也更加瞭解自己適合與不適合的工作，任何的性向測驗跟生涯規劃，都抵不過眞的在一份工作中，探索自己的感受來得眞實。

花蓮偏鄉的一個國中木工班，有位原住民學生叫做小安。

小安有著一張五官分明的臉龐，深邃的眼睛，在木工展期間，有參展的觀眾說他很像明星。原本小安並不喜歡上課，遇到不喜歡的事情，不管是被責罵，或需要勞動的清潔打掃工作，總喜歡用「逃」來解決。

小安是在別的學校闖禍之後才輾轉回到這所偏鄉國中念書的。剛開學沒多久，小安到輔導室找我的輔導老師朋友淑玲，他說：

「老師，我覺得我很壞，如果畢業以後我坐牢了，妳會來看我嗎？我覺得我以後一定會做壞事。」

淑玲老師說她當時很驚訝，一個國中生，對於那種覺得自己「很壞」的認定是怎麼來的，而當他在大人面前說自己很壞，以後一定會坐牢的時候，又是一種怎樣的心情？

「小安想要告訴我什麼呢？……」淑玲老師心裡充滿著問號，但是當場只能心疼地給予小安希望感、支持與陪伴。

沒多久，小安又到輔導室，告訴淑玲老師說他想要殺人犯案，想要轉學，他覺得自己在這所偏鄉的國中快要混不下去了。

淑玲老師依此努力去探究，究竟小安遇到怎樣的困境，開始跟他分析犯案的後果與影響。

當時的小安，根本不知道生活與學習的目標，像一塊浮木，認定黑道是他的宿命。

頗有藝術天分的小安，在一次談話時，突然說到他的夢想是當刺青師傅，這時淑玲老師覺得好像一盞燈突然在黑暗中點亮，鼓勵他要多去嘗試。

小安接受新嘗試，進入木工班學習木工，老師說服他接受這種極需要耐性、力道控制的木雕工作，這對於未來要當刺青師傅很有幫助，而小安也逐漸在單調的木工坊中找到成就感。

當他跟著老師一起到台北舉辦成果展的時候，淑玲老師特別安排小安幫我做導覽，他帶著自信卻又有點靦腆地告訴我，這是他花一年的時間所雕刻的作品。

經過一次又一次的導覽，小安的解說能力越來越好，到展覽最後幾天，他甚至主動穿梭在展場，不厭其煩地為民眾說明導覽他們學生合力製作的每一件木工作品。淑玲老師說：

「當下我心裡眞的流過一道暖流，爲他覺得驕傲，我看見一個孩子在木工學習的過程中漸漸定下心來，但最棒的是，小安在展覽結束時告訴我：『老師！我要繼續木工的學習！』。」

小安雖然還是一個可能隨時會闖禍，血氣方剛的年輕人，但從原本認定命運選擇他進黑道、坐牢，到因爲想當刺青師傅而開始學木工，他其實已經在生命還很年輕的時候，換了工作。

應該沒有人會反對，小安在年紀輕輕的時候，決定經過嘗試而換工作，絕對勝過管理顧問「不要隨便換工作」的建議。否則小安應該要進黑道，無論被砍幾根手指，都要累積至少五年的資歷，然後才來轉換跑道。

我舉如此極端的例子，眞正想說的是：如果工作可以幫助我們更加認識自己，那麼換工作當然不應該被汙名化。

第8種視野工作語錄
在這摸索的過程當中，
就算沒有找到幸福，
也會變得更加瞭解自己。

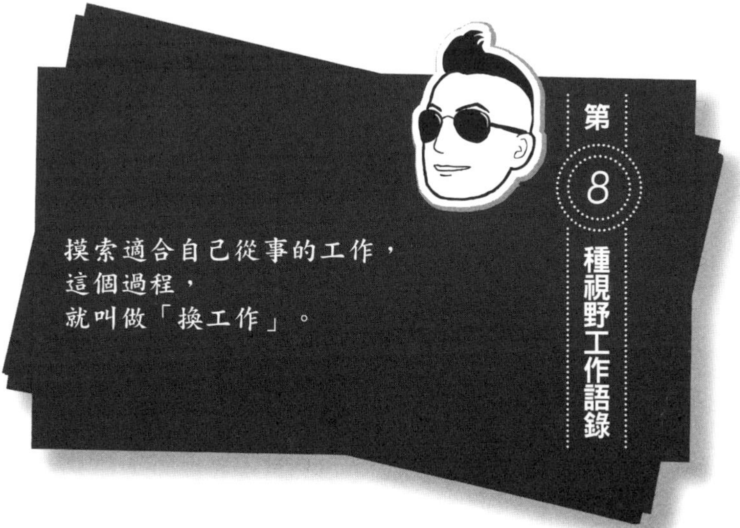
第8種視野工作語錄
摸索適合自己從事的工作，
這個過程，
就叫做「換工作」。

換工作的四個錯誤理由

換工作本身不是問題，問題是一個人一輩子應該換幾個工作？還有換工作的理由應該是什麼？

很多人時常說：「等我看破紅塵，就放下一切出家去。」

但是他們並不曉得，就算一個出家人其實也常常在換工作。我認識的和尚或比丘尼，雖然穿著出家人的衣服，但時常被寺廟賦予不同的新任務，比我們外人想像中要千變萬化得多，一下子要經營寺廟附設的素食餐廳，一下子要做營造工程，一下子要去管靈骨塔，一下子要對外募款。雖然都是寺廟要做的事，但每一個仔細分析起來，就會發現根本都是完全不同的行業。

我看到許多由出家人親自管理的組織，發生共同的明顯問題，就在於不夠專業。一個人不可能靠著每天吃齋念經禮佛，而突然得到智慧，一夕之間變成營造工程的專家，過了幾個月，突然又變成了管理靈骨塔的專家。外行人領導內行人，結果必然是一團亂。從這樣的觀察，我開始覺得還是不要時常換工作比較好——尤其是缺乏需要的專業素養時。

除了有些人不應該常換工作，也**有些人是沒有能力換工作**。

雖然有七成的美國人說，如果他們中了樂透一千萬元美金以上，還想要繼續工作，但這並不表示不缺錢以後還想要繼續工作的人，是想要留在他們現在的職位。實際上只有三成的受訪者說他們會想要繼續做現在的工作。不過蓋洛普的結果恰好相反，只有三分之一想要換工作，尤其是年紀越大的人，或是教育程度越低的人，越傾向中獎之後還保留現有的工作，而非另謀他職。

雖然我贊成在職業生涯中，該換工作的時候就要換工作，但是不能只是爲了換工作而換工作。

換工作就像開始一段新的戀情，一開始總是讓人既期待又怕受傷害，但是最後往往分手的原因都是一樣的。

我一位女性朋友曾經很痛苦地說：「爲什麼我這麼倒楣，每次都會遇到對我暴力相向的男人？」

她甚至自信心低落到認眞地問我：「老實說，是不是我看起來就很欠揍？才會讓不管哪個男人，跟我交往以後，都會想要打我？」

實際上，她問錯了問題。

她應該問的是：

「爲什麼我總會被有暴力傾向的男人吸引？」

如果從這個方向來探討，心理諮商家或許很快就可以從她的童年，與父親的關係，原生家庭的問題當中抽絲剝繭，找到問題的根源，她也可能從此就可以走出陰影，邁向沒有暴力的愛情關係。

但是**問錯了問題，就永遠無法得到正確的答案**。

換工作也一樣，問錯了問題，就會不斷找到錯誤的工作。

怎樣才叫做爲了換工作而換工作呢？在我心目中，換工作錯誤的理由有四種：

覺得工作太難。

覺得工作太無聊。

跟同事處不好。

想要多一點錢。

第8種視野工作語錄

換工作錯誤的理由有四種：
覺得工作太難。
覺得工作太無聊。
跟同事處不好。
想要多一點錢。

第8種視野工作語錄

重複就會熟悉、熟悉就會熟練、熟練的事情當然可以做得好。

覺得工作太難

覺得工作太難，表示你自己準備不夠。簡單的工作，就是好工作嗎？二〇一四年夏天的畢業季，我在歐盟的台北辦公室看到一則這樣的徵人啓示：

Policy officer（Trade Section）（11/07/2014）

Job description:

Provide high level reporting and analysis on Taiwan's economic situation, trade policy and regulatory framework, including foreign trade, investment, regional integration and cross-strait economic developments under the instructions of the Head of Section; contribute to the development of EU-Taiwan trade relations; assist in the preparation of and reporting on sectorial working groups and regulatory dialogues; liaise with authorities and with business associations; assist in the implementation of trade cooperation projects; provide support to meetings, missions and events organized by the Office.

Qualification:

- University degree in Economics / Trade / Business administration or related field;
- At least 2 years working experience in a related field;
- Native Mandarin Chinese speaker. Excellent command of written and spoken English.

Skills and personal qualities:

- Strong sense of responsibility. Ability to work in a proactive and autonomous way, and as part of a team.
- Solid analytical capability as well as drafting and reporting skills. Rapid grasp of problems and capacity to identify issues and solutions.
- Capacity to work and communicate under time constraints in a multilingual environment.

Monthly salary starts at 90,000NTD.

很多人讀到這裡的第一個反應就是：「咦？爲什麼都是英文？」「怎麼沒有翻成中文？」如果你是這其中的一個，那麼很抱歉，這份工作當然不適合你。因爲你語言能力不足，連徵人啓示都看不懂，或是懶得看，怎麼有可能做好這份只需要母語是中文，大學畢業，兩年工作經驗，在台北起薪九萬元台幣的好康工作呢？

如果你覺得這根本說的就是你，那麼無論怎麼換工作，只會落到一個自認爲懷才不遇的下場。因爲你只換了工作，卻沒有換一個腦袋來看待工作這件事。

覺得工作太無聊

覺得工作太無聊，而無法把工作做好的人，表示他缺乏持續力。因爲有持續力的人，即使對單調的事情，也能產生不同的想法。

因爲要放棄很簡單，但是要持續很難。

工作不怕無聊，怕的是沒有辦法在重複、單調的工作之中，做到最好。

「重複」其實是很有力量的工具，重複是一種心理暗示，所以拳王阿里就是用重複嗆聲，來建立自己的信心。

重複就會熟悉、熟悉就會熟練、熟練的事情當然可以做得好，做得好成就感高，就容易愛上這份工作。很多人說「這件事情我閉著眼睛也能做」，意思就是重複能幫人設定記憶、讓人專注、更容易抓住竅門。在還沒有達到這個境地之前，是沒有資格說無聊的。

不信的話，去看特別成功、大排長龍的小吃店，掌廚的老闆，通常就是能夠重複實踐的強者。在單調的事情中，產生不同的想法，才能讓他們在同樣的行業當中，脫穎而出。簡單事情重複做到完美，本身就是一種成功。達到這樣的成功後，才有資格說無聊。

跟同事處不好

跟同事處不好的人，往往是不會面對面溝通的人。

如果仔細觀察，跟同事相處不好的人，通常很容易就說出「我已經聯絡了，但是他沒有回」這樣的話。在我眼中，這樣的溝通，等於沒有溝通。因爲我相信只會傳電子郵件、簡訊，卻不會面對面溝通的人，就是不會溝通的人。

我想起曾經問過在公家機關專門處理殯葬業務的朋友阿志，天天面對各式各樣的人，什麼樣的人最難「喬」？他的答案很有趣，他說：「虛擬的陳情人最煩。」

因為網路是很方便的遮蔽，講起話來很容易就加油添醋、不負責任。

「而且台灣的民眾也習慣凡事就先批評政府做得不好，卻沒去想是不是自己違法在先。所以每天工作時間很大一部分都在消耗這些完全不瞭解也不想瞭解現行法令，只想打嘴砲把公務員當沙包打的網民寫的火星文陳情信。」阿志說。

「那遇到這種人怎麼辦？」

「我喜歡透過電話或是當面跟陳情人說清楚，只要脫下『虛擬』的面紗，通常都是雙贏的結局。網路雖然便利了生活，但互動還是比較有溫度有溫情，畢竟見面三分情嘛！」

雖然阿志說的是公僕跟陳情人之間的關係，但是很多人在工作上，卻將大部分的時間花在這種虛擬的溝通上，所以他自認為擁有的能力其實根本是虛擬的。不會當面溝通，因此只會在臉書抱怨，問題是他臉書上的生活，恐怕也是虛擬的，這樣的人在面對面的現實生活中，很容易跟誰都不和。

最可怕的是很多這樣的人自我催眠久了，開始以為自己眞的是這樣的人，問題都出在別人，抱著這樣虛擬的信心，離職去找新工作，當然只有失落的分兒。

想要多一點錢

換工作的薪水當然會比調薪來得快。按照年薪每年調整百分之三到百分之五，對許多有能力的人來說，還不如跳槽就可以一下子增加百分之十到十五。但是**只爲了多一點錢，離開喜歡的工作，去做一份沒有那麼喜歡的工作，絕對是錯誤的決定**。

說「我薪水又沒人家多，爲什麼我還要這麼累？」的人或許忘了，你正在做一份自己選擇的工作。

至於說「又不准我報加班費，那我爲什麼要加班？」的人，也或許沒想到原因其實很簡單，那就是因爲你沒把該做的工作做完。

這樣的人，卻絕對不會忘記今天是幾點刷卡上班的，因爲斤斤計較，所以也要準時刷卡下班，一分鐘都不能多，才不會「浪費」。

社群網站上製造的集體抱怨和集體療傷現象，讓人把很多時間花在反省別人，反省主管，反省環境，卻花很少時間在反省自己。但工作這面鏡子，讓我們同時看到期待的自己、及眞實的自己之間的距離。

頂尖的工作者都對工作充滿由衷的熱情，因爲工作有成就的人，絕不會讓自己退步。但只爲了每個月多三千元台幣就跳槽的人，卻會爲了錢，不介意讓自己做退步的事。

第8種視野工作語錄
抱著虛擬的信心，
離職去找新工作，
當然只有失落的分兒。

第8種視野工作語錄
工作有成就的人，
絕不會讓自己退步。

換工作前 問自己的五個問題

如果說換工作的錯誤理由有四個，那麼換工作前要問自己什麼對的問題，才能夠有效地自己檢視？我認爲有五個重要的問題可以誠實地問自己：

我知道這份新工作的實際狀況嗎？

一個才上任兩週之內就想離職的工作，通常來自於一個非常明顯的錯誤，就是面試時所認爲的工作狀況，跟實際上開始工作以後不符合。

最簡單能夠避免這個狀況的方法，就是從現職的員工中，確定自己眞的瞭解這份新工作的實際工作狀況。除此之外，如果有道德潔癖的人，或許要打聽老闆的人品，還有這個機構在業界的風評，免得工作任內，發生像是惡性倒閉，或是黑心產品的惡名。

這份工作會得到家人的支持嗎？

承認這個事實吧！沒有任何一份工作是不會影響生活品質的。如果不夠喜歡一份工作，每天回家都會垂頭喪氣，全家的氣氛一定也跟著變糟。如果非常投入一份喜歡的工作，很容易就陷入無止境的加班，或是將辦公室的工作帶回家裡的狀況。無論哪一種，都不只影響到自己，也會影響到家人。

換工作之前，跟家人充分溝通，確定他們都知道你跟這份新工作之間的關係會如何，讓他們能夠有充分的心理準備，如果家人堅決反對，就不應該堅持。比如我在進入NGO工作十二年之後，終於如願得到一份去北韓擔任一個英國發展機構駐北韓代表的工作機會，但是卻因爲家人的強烈反對，讓我意識到不應該爲了自己個人職涯的滿足感，而自私地將我的家人帶入困境，所以我做了放棄的決定。

這份工作的地點對嗎？

就好像在選擇一家新的健身房的時候，有經驗的人曾經提醒我，去健身房運動要有效，不是要新、要大，價錢高低也都無所謂，唯一的考量就是要離家近。只要離家遠的健身中心，無論設備多麼齊全，下班後一想到還要花那麼多的時間在來回交通上，很容易就會打消念頭，「今天好累，明天再去吧！」

必須要夠方便的地點，才有可能持之以恆地養成運動習慣。事實證明，確實就是如此。

工作也是這樣，如果一份喜歡的工作，但花在通勤的時間太長，或地點在讓人產生幽閉恐懼症的幽暗地下室，或在因爲物價昂貴、生活品質變得低落而讓人沮喪的倫敦，無論再棒的工作，也遲早會變得讓人無法忍受。

我能在這份工作中體現個人價值嗎？

有時候一個人換工作的原因，不是因爲新工作更加符合專業，而是因爲薪水高出許多，也不是因爲可以符合長期的職涯目標，而是因爲人情壓力（比如接管家族事業）。如果換工作的主要原因，不是出於專業考量的話，恐怕難以有好的發揮，自主性也會非常有限，因此無論薪水多高，對於自己的職涯長期來說都是虧損的。

我真的想要這份工作嗎？

有些人抱著要讓自己討厭的老闆「好看」的心態而故意跳槽去爲競爭對手工作，或是爲了難以拒絕的高薪。但無論是爲了報復，爲了金錢，還是爲了其他原因，你一定會知道自己不是眞的喜歡這份新工作的。至於你能不能夠冷靜地傾聽自己內心的聲音，就要靠個人的修養了。

第8種視野工作語錄

換工作前問自己：
我知道這份新工作的實際狀況嗎？
這份工作會得到家人的支持嗎？
這份工作的地點對嗎？
我能在這份工作中體現個人價值嗎？
我真的想要這份工作嗎？

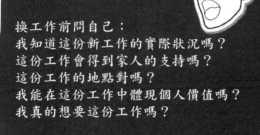

可以多常換工作？

以前，人力顧問都會建議人們不要太常跳槽換工作，因爲如果一份工作只做一年的話，還沒有學夠功夫，對於雇主來說，訓練的投資也無法回收。但是現今這個時代，這種說法還適用嗎？

時代的變化，讓終身雇用制已經如同明日黃花，無論什麼職務，隨時可能會丟掉工作已經變成了常態。所以與其被動等著被炒魷魚，不如主動出擊，或是把自己定義成「自由工作者」，在工作中得到快樂和滿足比起工作的穩定性更重要。我甚至聽到很多專家開始建議，同一份工作不應該做五年以上。

在一個二〇一二年Net Impact進行的民意調查中，有百分之八十八的Y世代受訪者說要在一個「正能量的文化」中工作是必需的條件，百分之八十六說工作要「有趣」很重要。但是要一直能夠在同一個工作中維持很正面、又很有趣談何容易？只有不斷變換工作，才有辦法一直學習新職務、新角色。

管理學者包政在「管理智慧」網站上發表過一篇文章，專門從在職時間長短來講員工離職這件事，他的分析是如果員工進公司兩週內離職，通常與人事部門HR（Human Resource）的溝通有關；如果是三個月內離職，應該是不適應工作和工作內容本身，若是六個月內離職，與直接上級的相處有關；如果是兩年左右離職，與企業文化有關；三到五年之間離職的話，原因通常出在學習不到新知識和技能，薪酬提升空間不大，沒有更多高級職位提供，此時員工最好的解決辦法就是跳槽。至於五年以上離職的，與厭倦和進步速度不平衡有關。

我覺得最值得探討的，是五年以上老員工的離職。

老員工通常是忍耐力最強的，會離開的原因通常是因爲職業倦怠。除了公司沒有辦法給予老員工新的職責，增加創新類的工作，來激發他們的積極性之外，我時常聽到很多人抱怨公司或組織比較重視新人，不珍惜舊人。其實老員工常因爲自己是「老鳥」，不自覺疏於學習，在表現上落後，甚至缺乏瞬息萬變的工作環境需要的新技能，自然逐漸被疏遠和冷落。

這呼應了一個時常被忽略的事實——常常換工作的人不會偷懶。如果在換工作的六個月前偷懶，往往就沒有傲人的成績可以寫在謀職信上給新的雇主看。

會偷懶的，往往是發現自己可以一直這樣做到退休的公務員，或是終身雇用制度下的職員。

對於雇主來說，雇用這些跳槽的員工，並不見得是壞事，因爲就像帶來花粉的蜜蜂，可以幫公司或組織帶進許多原本沒有的寶貴經驗。

但是重要的是，不能什麼都沒做就跳槽，**必須要有一定的建樹，跳槽才有價値**。雇主對於只是爲了換工作而換工作的員工興趣不大，但是對於完成了一個計畫，準備接受更大的挑戰，而且可以將經驗帶到新環境來的員工，卻無論外界景氣如何，都有很大的胃口。

如果已經認眞考慮了這些條件，即使每六個月都換工作，也不算太頻繁，同樣地，即使一份工作連做超過五年，當然也不算太久。

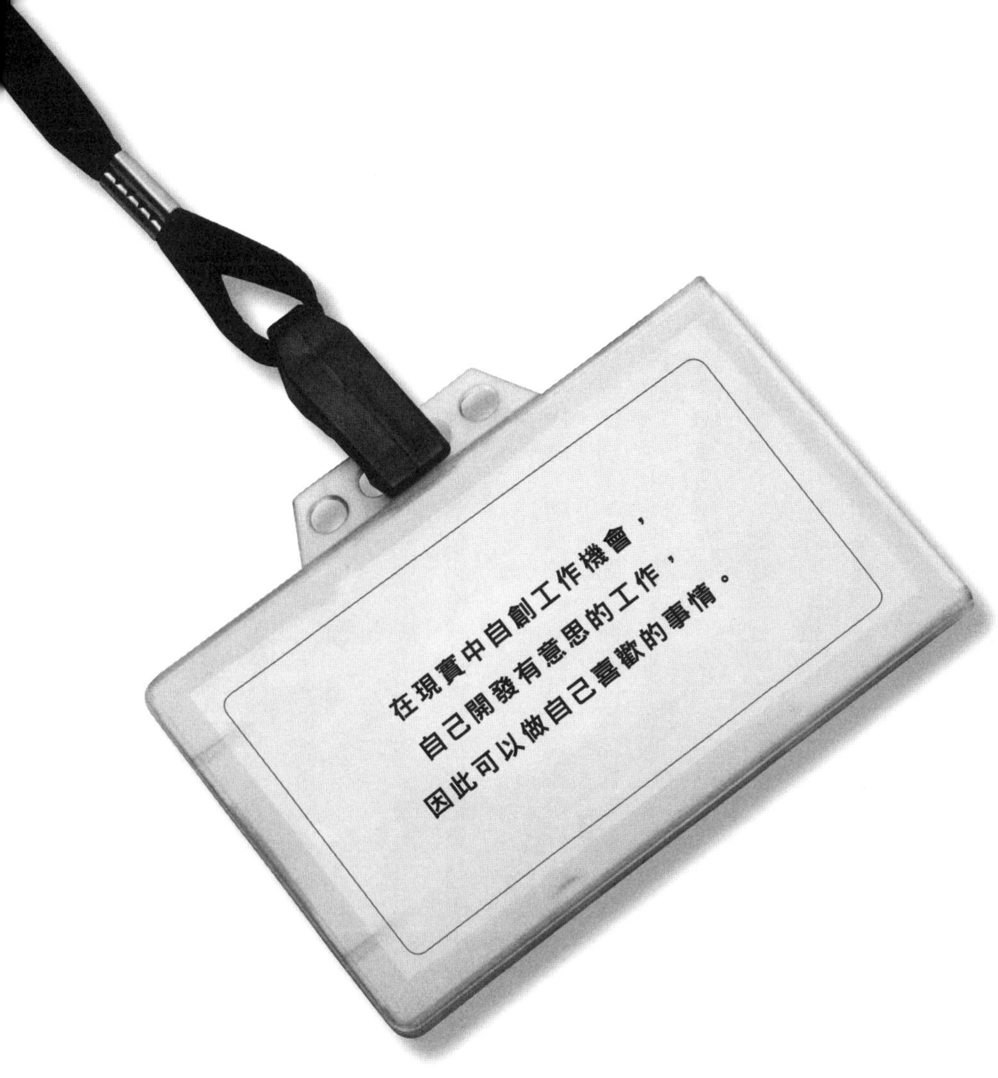
在現實中自創工作機會，
自己開發有意思的工作，
因此可以做自己喜歡的事情。

第9種視野

創造自己喜歡的工作

因為校對變成頭號粉絲，搶先看新作

最近一個讀者在臉書上傳私訊給我，告訴我她總是利用上下班在捷運上的時間，閱讀我的書，已經讀到最後一章了。

其實在這五個月之前，她就曾經傳私訊給我，告訴我她已經開始閱讀我的新書：

「如果我有發現錯別字，請問要向誰回報才好呢？」

當時我的回答是：「可以直接告訴我，我會連同妳的聯絡方式轉給編輯。」

然而，這件事情我並沒有特別放在心上。直到五個月後，她又再次出現。

在閱讀這本書的過程中，她發現有幾個錯字，於是很客氣地列出了這本書裡面可能的六個錯字。我立刻就轉給了出版社的編輯。

編輯告訴我，他們很感謝這樣的讀者，希望能知道該如何跟這位讀者聯絡。於是我向這位讀者要了她的姓名跟電子信箱，希望能夠向她表達感謝，甚至想送她一份小禮物。

「一定要眞名嗎？」

我可以感覺到網路另一端，素未謀面的讀者，似乎有些猶豫，但幾分鐘之後，她還是決定給我她的眞名以及聯絡方式，同時很開心地說：

「我就欣賞這種人，認眞寫字、認眞把字寫對。」

不只如此，這回她寄了一份更長的錯字清單，一共有二十個可能的錯字。

編輯非常地驚訝，覺得如果眞是這樣的話，那麼原本的校對也未免太粗心了。

還沒來得及核對她寄來的清單當中的所有錯字，隔了兩天，她又寄來一份新的錯字跟標點符號清單，又另外列出了二十個。

這位讀者，肯定讓編輯在作者面前相當丟臉。我心裡對於編輯覺得有些過意不去。因爲這本書出版了將近半年以來，從來沒有任何一個讀者提出任何一個錯字。

可是我的編輯，卻立刻回了一封讓我有些意外的信給這位讀者，同時也將備份寄給了我，這封信的重要性顯示爲「高」。編輯的信是這樣寫的：

「妳好，

我是出版社副總編輯，非常感謝妳的細心與用心，我們收到妳讀了褚士瑩的新書後指正了許多用字上的問題，讓我們深深惶恐，感到自己的專業不足，也讓我們體會還有很多需要改進的地方，再一次感謝妳的指正。我們會在下一次再版的時候盡快修正。」

之後編輯用了相當多的篇幅，耐心討論了其中一些在內文理解以及標點符號使用上的看法，還有某些字屬於教育部線上辭典承認的通用字，比如「盡量」與「儘量」，「計畫」和「計劃」，「終身」以及「終生」，「中止」跟「終止」，「唸書」和「念書」，其實只要全書統一用法，都是正確的。在這封信的最後面，編輯是這麼寫的：

「……最後想冒昧請問妳，是否願意做褚士瑩下一本新書的第一名讀者，除了幫我們校對錯字之外，也可以一睹作者新書。如果妳有興趣的話，請與我聯絡，讓下一本新書達成零錯誤的專業水準。」

當天，這位我從來沒有見過面的讀者，在臉書上告訴我，出版社的副總編輯很慎重地回了一封信，並且邀請她爲我的下一本新書做二校。

「所以我就很高興地打了副總編輯留給我的電話，告訴她我很樂意接受這份工作！」

我也很開心，知道她願意接受這份小小的兼差工作，我也相信，由一個這麼認眞看我書的讀者來做校對工作，再適合不過了。

除了「認眞」之外，其實這件事情還有另一個美好元素，那就是**對陌生人的「信任」**。這件事情的三方，雖然讀者跟作者或出版社都彼此不認識，甚至沒有見過面，但在這網路時代，我們卻都願意誠心相待，信任彼此，我眞心覺得這是一件非常美好的事，因爲校對，可以說是一種才能，然而信任，卻是一種決心。

我眞開心，這樣的故事，能夠發生在自己身邊，讓我對這個世界的未來，又多了一分美好的信心。

就像我的美國朋友法蘭克一樣，從一個理髮師變成一個洗腎中心的護士，然後藉由傾聽病人的需要，想到了「海上洗腎中心」的好點子，說服了洗腎中心的醫生，在環遊世界的豪華郵輪上租用一套二手的洗腎設備，開了全世界第一間海上的洗腎中心，讓那些因爲一個星期兩回至三回需要回診所洗腎，早已放棄了旅行夢想的病人美夢成眞。法蘭克也因此透過這份他自己無中生有創造出來的工作，一面提供洗腎病人必需的維生服務，一面環遊世界。

無論是這位成了我新書校對的讀者，還是法蘭克，他們都是在現實當中自創工作機會，自己開發有意思的工作，所以因此可以做自己喜歡的事情。

重新定義新工作

表面看來，海上洗腎中心當然是劃時代的新工作，然而校對卻不算新工作。

可是仔細想起來，好像不見得如此。校對向來是編輯的工作，不會是一個非出版圈子的人做的事情。但這位讀者的正職工作，雖然跟出版一點關係都沒有，卻能以一位愛書人的角色，將自己變成業餘的校對。對她來說，校對當然是一份從來沒有嘗試過的新工作。

海上洗腎中心，聽起來很新奇，但是我的朋友法蘭克在海上所做的工作，跟陸地上一般洗腎中心的護士並無二致，所以嚴格說來，怎麼能算是新工作呢？眞正新的只是地點從陸地換到海上而已。而且自從法蘭克開始這麼做後，其他人也覺得這是好主意，跟著仿效，所以現在有越來越多的郵輪，有這種臨時的洗腎服務，再也不是獨門生意。

我相信所謂**「新工作」的核心，不是要「移動」工作才算是新工作，而是可以「更新」才算是眞正的新**。也就是說，實際的新不算新，就算新也新不了多久，然而能夠讓視野開闊，觀念的新，才是眞正恆常的新。從自己原本喜愛的事物中，找到創意點，就是新工作。

德國生態學家馬悠（Josef Margraf）博士，在中國雲南西雙版納生活工作了十三年，在中德合作的《西雙版納熱帶雨林恢復和保護項目》計畫中，代表德方擔任計畫組長六年，成立了「天籽生物多樣性發展中心」，堅持致力於當地熱帶雨林的修復和再造工作。二〇一〇年一月二十六日，馬悠博士因心臟病突發病逝於家中，馬悠的中國妻子李旻果，跟他們的兩個女兒，決定繼續馬悠博士的事業，直到雨林重新恢復起來的那天爲止。對於馬悠的家人來說，馬悠的舊工作，就是她們母女三人的新工作。

來自印尼雅加達的倫尼，因爲生產後回辦公室上班，不方便中途回家餵母乳，所以二〇一〇年成立了一家專門負責「母乳快遞」業務的公司，專門爲有同樣需求的職業婦女解決問題。因爲雅加達交通阻塞出名地嚴重，所以快遞員都是騎摩托車，到辦公室收母乳，通過GPS按照導航路況，自動爲快遞員選擇最佳路線，在最短時間內交到家中保母手上。每次快遞費照距離遠近收費，從三萬到四萬印尼盾不等（約折合台幣一百到一百三十元左右）。快遞本身當然不是新工作，但是母乳快遞，卻毫無疑問地是新行業。

人常想要換工作，但不知自己的狀態，以至於不是莫名地羨慕別人，就是抱怨現狀。重點是如果搞不清楚自己適合什麼、要什麼，也沒有準備好，就算將這些新工作親手捧到你的面前，你有辦法勝任嗎？很多求職者抱怨高失業率及低薪的同時，雇主卻在抱怨很難找到合適的人。我並不覺得這樣的供需失衡現象有什麼奇怪，大多數人都是一成不變，保守、怕冒險，不去接觸新的事物，卻想要過好生活，得到幸福與高薪。若是這樣也能夠達到，那才真叫沒天理哪！

第9種視野工作語錄

從自己原本喜愛的事物中，
找到創意點，就是新工作。

第9種視野工作語錄

所謂「新工作」的核心，
不是要「移動」工作才算是新工作，
而是可以「更新」才算是真正的新。

不能透過工作做自己，這樣真的比較快樂嗎？

能夠進入三星集團工作，是許多韓國年輕畢業生的夢想。

不只是一個人的夢想，而是一整個家庭的夢想，除了薪水高之外，也代表進入了韓國企業的精英階層，無論男女，也就大大增加了能夠找到適合結婚對象好人家的機會。

但我時常在想的是，這些被認爲是社會的精英，進入所有人羨慕的大機構，接受安排從此一輩子成爲名片上的那個「職稱」，再也不能透過工作做自己，這樣眞的比較快樂嗎？

爲了要進入三星集團，韓國年輕人必須花二十八萬韓元（將近一萬元台幣）去上大班制的補習班，從早上十點鐘到下午五點鐘，專門準備三星集團一年兩次的徵才活動，補習的內容包括「能力傾向測驗」以及面試技巧，家境比較好的，會請專門一對一的家教，當然，這樣的家教費隨隨便便也要十萬、八萬台幣。

據說三十年前，那時還沒有「能力傾向測驗」，面試官中的其中一人，是專門看相的算命師。每次徵才，三星集團大約會吸引十萬人申請競爭五千個名額，所以錄取率大概只有百分之五。如果說韓國的就業環境過度競爭，應徵者過度準備簡直就是「變態」，那麼台灣的應徵者，普遍則是態度太隨便，看不出敬業態度。我不知道有幾個同樣年齡、背景、學經歷的台灣人，會為了一份工作，像韓國人如此慎重，申請工作前為自己先準備好這份工作所需要具備的基本能力。

但是進入如此競爭激烈的大型企業以後，並不保證學以致用，在終身雇用制度的環境下，有可能因為各種因素，包括人事的鬥爭，不斷被調職，也極有可能會因此花這輩子三分之一的時間，每天必須在不喜歡的城市，不喜歡的部門，跟不喜歡的人，做著不喜歡的工作，雖然這是家人跟外人都覺得很理想、穩定的人生。聽起來似曾相識嗎？就像很多經過激烈的高普考試，進入政府機關工作的職業公務員一樣。

我的公務員朋友阿志提供他的觀察說：「其實百分之九十九的台灣公務員都沒在外面的企業工作過，家境也大多中上、小康，在等待考上公務員的那幾年，基本都是家裡蹲、爸媽養，除了會念書會考試，老實說他們也不知道自己還可以幹麼。所以常常會講出很多何不食肉糜的話，他們眞的不是故意的，只是眞的不知道原來社會上有人過著跟他們截然不同的人生。」

身為考選制度下脫穎而出的阿志，卻認為讓自己勝出的制度，是國家進步很大的隱憂，因為這樣的一個公務員不知道自己的特長，換句話說也就是不知道自己的不足，哪裡可以再專精、哪裡應該再補強。

「我們擁有高學歷，戴著從小一路都是好學生的光環，但是缺乏敢拚、敢闖的豪情壯志，沒人要當壞人，也沒人想當熱心過頭的好人。因為太愛出鋒頭，就得小心考績拿乙等，所以只求一種穩定的、一成不變的工作狀態。」阿志無奈地說，「不過其實也不必太在意考績啦！反正是用輪的。總之整體的結果，就是毫無願景和抱負可言的公務員，只要今天的公文都能不用被長官叫去釘、也沒有收到民眾的陳情信，就是小確幸了啊！」

當現實是如此無奈的時候，有沒有可能就像印度聖雄甘地說的，讓我們自己成為想在世界上所看到的改變？

觀念上可以更新的新工作

金字塔底層市場（Bottom of the Pyramid Market），簡稱BOP市場，是管理大師普拉哈拉德教授開始倡導的。因爲過去以來，管理學家都強調所謂的「二八原則」，也就是在金字塔最上層百分之二十的客戶，會帶來百分之八十利潤，所以大多數的企業，都把重點放在收入金字塔頂端的富裕階層，對於底層的農村或低收入市場，卻視而不見。

但是普拉哈拉德的理念，卻在很多新興市場得到驗證，比如我時常舉巴西的Casas Bahia老牌家電量販店爲例子，一九五〇年代創業，卻一直到二〇〇六年才開始設電子商務網站，許多人覺得他們電子商務起步這麼晚，一定會被時代淘汰，但是結果卻證明不是如此。這家電器行專門鎖定在貧民窟開店，沒有錢用現金購買家電、又沒有信用卡可以「先享受、後付款」的窮人，就蜂擁到這唯一一家讓他們可以分期付款買家電的店家，即使意味著等到他們分兩、三年還清的時候，其實付了原價兩倍以上的價格，他們也非常樂意，因爲這是窮人唯一能夠擁有他們想要的家電的方法。也因爲這樣，Casas Bahia的獲利率，比那些針對斤斤計較的有錢客層的同業，要高出許多。這些客人，不在乎各種微波爐品牌之間的細微差異，只在乎Casa Bahia有沒有賣微波爐，只要有賣，無論什麼牌子，他們都會買，簡直是老闆眼中的夢幻客戶。

家電零售業整體來說是夕陽老產業，但是營運模式的創新，卻可以讓Casas Bahia成爲獨樹一幟的投資人新寵。

另一個我喜歡的例子，是在過去十年來，中國各地開始流行到府坐月子的「月嫂公司」。

「坐月子」當然不是新觀念，如果能在自己熟悉的家裡坐月子，一定是最舒適的，但是過去以來這二十八天，如果是由婆婆幫媳婦做，畢竟不是自己的媽媽，讓婆婆伺候，媳婦心理壓力很大，可是如果產婦堅持回娘家由自己媽媽幫忙做，似乎又有嫌棄婆家之嫌，壓力更大，進退兩難之下，於是就有了獨特的「坐月子中心」。過去十年來，用派遣的方式讓「月嫂」到府幫忙坐月子，就算收費跟高級的坐月子中心一樣，也讓人趨之若鶩。這些「月嫂」，很多是所謂「下崗女工」的失業人口，經過訓練以後補足了這個需求的缺口，當然是一門新行業。

孟加拉的社會企業蓬勃發展，其中有一個非常成功的例子，是專門訓練本來在這個伊斯蘭社會，沒有機會在就業市場上找到工作的女性，成爲計程車司機。因爲女性乘客也有搭車出門的需求，但搭男人開的計程車，等於跟陌生男人共處一室，在當地社會是很大的禁忌，就算思想比較開放的女性，也會擔心婦孺的安全問題。所以如果可以指定女性駕駛的計程車司機，讓她們覺得安全、安心，自然就會增加出門的頻率，還有叫車的次數。因爲這樣，增加了女性的就業機會，也同時解決了一個長期潛在的社會問題。

只要仔細觀察社會的需要，一定可以透過商業模式，找到一個解決社會問題的好方法，這就是一種觀念上可以更新的新工作。

通過自己的力量

什麼都可以做

我的朋友敏倫，剛離開一個台灣的醫療組織工作，外派到柬埔寨的鄉下，重點是到當地消除學齡前兒童的營養不良問題，但是一直得不到組織的支持，滿腔的抱負卻無法施展，讓她覺得非常的鬱悶。

經過了一年多這樣的日子以後，他決定乾脆自己來創造喜歡的工作。

在他派駐的鄉下，他發現依據兒童生長期程，當地兒童身高明顯過矮，有生長遲緩的現象，很明顯就是因爲當地太窮了，吃的東西不夠營養。

當地孩子成長所最欠缺的營養，就是蛋白質。當地的肉類其實價格很貴，一般人平常都吃不起，也因爲沒有酪農業，孩子沒有牛奶可以喝，所以蛋白質的攝取不足。敏倫就開始想，是不是有替代的方法。

就這樣，「黃豆合作社」的想法就誕生了。

黃豆製品含有豐富的植物性蛋白質，可以用低廉的價格取代昂貴的動物性蛋白質。當地並沒有吃豆製品的習慣，雖然當地華人在市區的商店裡有販賣豆漿，但小小一瓶很稀的豆漿就要美金五毛錢，根本不是當地人可以消費得起的金額，只有自己做才有可能降低成本。

於是每個星期四次的豆漿車，載著現做好的豆漿到村落去巡迴，一開始是免費試喝，接下來慢慢用便宜的價格，賣給當地的孩子。如果是五歲以下最需要蛋白質補充的孩子，可以用最便宜的特價購買，較大的孩子或是大人，也可以用低於市價的原價購買。但規定一律都要當場喝完，不可以打包，因此解除了轉賣、或是因爲放置太久而腐敗引發腸胃炎的顧慮。

因爲家家戶戶可能都有閒置的兩、三分畸零地沒有充分利用，所以未來長期的計畫是敏倫鼓勵會員們，大家自己在家裡休耕或是閒置的土地上種黃豆，帶到合作社來換豆漿或換成現金。如此一來就可以慢慢建立村莊黃豆的來源漸漸自給自足，減少跟外界購買。除了讓黃豆的貨源可以充足供應，就算家裡沒有孩子的村民也可以增加收入來源，順便推廣有機農業的種植技巧，減低食物里程，同時讓這個合作社的盈餘，在社區中繼續共享。一旦這個模式營運成熟以後，像敏倫這樣帶進新觀念的外來者，就可以功成身退，由當地社區自己繼續這個自給自足的黃豆合作社商業模式，營養不良的孩子就會越來越少，每個合作社的會員家庭，也可以增加收入。

「這件事情不需要等任何人的批准，只要募集一點點的啓動資金，就可以開始做該做的事情，爲什麼要無止境地等待呢？」

相對於敏倫，我也看到很多同樣在NGO工作的朋友，總以「組織的上級不批准我們這麼做」「目前我們沒有人力」等等作爲不行動的藉口，在漫長的等待中變得挫折感深重，最後壯志難伸、鎩羽而歸，讓人覺得非常可惜。

「不喜歡你的工作嗎？那就起身開始做你喜歡的事吧！」這是我時常給NGO後輩的建議。在緬甸和泰國，我們有一群在不同NGO工作的朋友，在各自的工作以外共同組成顧問團隊，以一般營利事業的公司名義登記，專門以社會企業的模式，**開始動手去做那些我們覺得很重要、但工作上無法完成的事情**。這樣，我們就**再也沒有抱怨工作的藉口，因爲所有我們工作上想做卻沒有辦法做到的事情**，只要能夠得到其他幾位夥伴的認同，都可以通過自己的力量來完成。什麼都可以做，無論是扶植內戰中克欽邦的年輕人自己設計潮衣販賣取得需要的工作基金，還是製作竹子腳踏車……無數的可能性，都不需要等待「夢幻工作」的到來，就可以開始行動。

手上擁有什麼
就變換自己喜歡的東西

台灣對於自己當老闆似乎相當執著，因此整體缺乏像韓國三星集團那樣的大型企業，但卻有無數的中小企業。許多台灣年輕人的無奈，來自於不得不接手不大不小的家族企業，而且大多數都是屬於夕陽產業的製造業。

如果家裡是做木工的，請問身為二代，不得不接手以後，該怎麼辦？賣一賣關門，從此改行，或是到大都市、大公司去上班，是許多人明顯的選擇，但是我特別佩服那種可以在有限的空間中，創造出自己喜歡的工作的那種人。

台中的製琴師林殿威，就是這樣的其中一位。雖然我不認識他本人，但是我很喜歡他的故事。他是中興大學生化研究所畢業，曾在生物科技公司上班，但自從父親生病後，不得不接手傳統的木器工廠。

換成一般年輕人，應該會相當鬱悶吧！但林殿威說，既然他熱愛古典樂，又對木工機器有基礎，不妨把這兩件事情結合在一起，開始自學製作他自己不會拉的提琴。

自學的方法，是去找了二十多本相關的英文書來讀，從小提琴構造、製作到聲音學、振動學等，照他自己的說法，彷彿念了第二個研究所。他在接受記者採訪時說：

「以提琴側板爲例，最薄處只有一釐米，實際動手做，花了一年多，做壞了上百組木料，才完成第一把提琴。」

失敗無數次後，他的第一把學徒等級的琴用十五萬元台幣賣出。前兩年開始，試著將自己做的手工琴，寄到義大利參加三年一度的製琴大賽，結果得到入圍（除了前三名，剩下的優勝者都是入圍），就升級成爲製琴師等級，國際價格一萬歐元起跳，相當於新台幣四十萬元，一年能做六把琴，底下也擁有六個學徒。

林殿威的故事還讓我想到義大利精品Gucci訂製鞋坊的負責人哈爾克（Harco Matassini），他十四歲的時候，進入德國愛迪達製鞋廠當學徒，一九六八年起開始投入手工製鞋。每一雙鞋子，都從設計圖開始，在鞋楦上手繪紙板，裁切所需要的皮革面料，選擇合適的皮革、鞋底與鞋身構造，尤其鞋面與鞋底的縫合技術更爲重要，先將鞋的內底、襯裡、鞋面和中底縫合在一起，再將中底及大底準確地縫合。接著手工上色，將柔韌的皮革刷染上獨特的暈染漸層色調，最後刷上一種看起來猶如核桃木色澤的色蠟；當這種色蠟完全被吸收、鎖色，鞋履會散發出華麗的光澤。這種用傳統技術製作出來的鞋子，每雙都確保鞋履堅固耐用。十四歲開始的學徒人生，看起來應該是晦暗不堪，但是哈爾克的人生，卻在這傳統製鞋的低微手工中，創造出屬於自己人生的華麗光澤。

「如果人生給你酸不溜丟的檸檬，就拿來擠檸檬汁吧！」這句傳統的西方諺語，提醒悲觀的人，手上擁有的是什麼，或許是宿命，但是拿來變換成爲自己喜歡的東西，卻是一種選擇。

接受最平凡的自己

二〇一一年，第三季中國達人秀有一個來自黑龍江鶴崗，平常每天有十二小時待在當地益新煤礦地底七百四十五公尺下工作的礦工歌手霍春宇。當主持人問他的願望時，他說，如果在妻子肚子裡即將出世的孩子是個男孩的話，一定要他跟自己一樣，到煤礦場去體驗，這樣才會節能，珍惜每一度電。

不知道為什麼，一點也不喜歡選秀節目裡面煽情片段的我，此刻也覺得受到感動了。感動的原因，不是因為這位礦工說出了節能環保的新標語，而是因為他能夠在亮麗的舞台上，接受最平凡的自己，一個身為煤礦工人的自己，而不是想藉著在舞台上一鳴驚人，迫不及待脫下藍色的礦工服，躍上演藝圈的大舞台。

要如何才能學會接受最平凡的自己？

我在清邁，有一個我們認識時他只有二十二歲的日本年輕朋友，叫做「暑介

（Kiyoshi）」，來自森林密佈的電影場景「神去村」所在地的三重縣，高中念的是一家外人絕對沒聽過的「愛農學園農業高校」，是全日本唯一的私立農業高中，每一個年級只有招生十幾個學生，因爲地處偏遠，所以全校一律住校，平常週末也留校，只有寒暑假每年兩次可以回家探親。每天早上五點五十五分起床，農場工作完才吃早飯，每週一到週三上午上課，週四到週六是下午上課。下課以後，還要回農場工作，晚上十點二十分晚點名，十點半熄燈就寢。

就像大多數的年輕人，晷介君一開始一點也不想去念這個農校，但是同樣務農的父親，這個學校畢業的校友，認爲晷介君可以因此學習如何過團體生活。

「如果唸一般高中，人與人相處不來或是有過節的時候，只要平時少往來，畢業後不聯絡，就可以逃避。但是每天不得不二十四小時相處的話，無論遇到什麼問題，都必須要面對、解決。這對你一輩子都有用極了。」父親這樣說。

入學的時候，學長欺負學弟的風氣很盛，日子很苦，到了他自己當高三學長的時候，晷介並沒有因此去欺負菜鳥，反而勇敢的提出建議：

「我看，我們別這樣了吧！」

晷介那一屆的同學，眞的停止了這種行之有年的陋習。

農校畢業以後，除了在自己的家鄉務農，或是到大城市當工人之外，似乎沒有別的出路了。畢業那年，他就像去神去村的高中畢業生平野勇氣那樣，參加了一個到泰北的海外青年志工團體，派遣到清萊去做青年農業志工。

在清萊的時候，畧介因爲日子太過單調，因此開始學習泰語，用自學的方法，慢慢的學會了聽、讀、說、寫，由於每隔一段時間他們會到最近的大城市清邁補給採買，接送來來去去的短期志工，他在清邁的時候，深深的被古法泰式按摩所著迷，於是開始跟隨著泰式按摩店的老闆一點一點學習，甚至以學徒的身分，搬進了店裡，晚上就湊和睡在店裡面，就像所有其他外地來的泰國員工一樣，同工同酬，我就是在那時遇到畧介君的。

「你知道這位按摩的師傅是日本人噢！」我還記得那天按摩結束的時候，熟識多年的按摩店老闆娘突然得意的說，好像炫耀家裡那隻會說話的鸚鵡。

「啊？」我的確嚇了一跳，下意識將穿了一整天夾腳拖的赤腳收回來一些，好像覺得自己很沒禮貌，但是隨即就發現自己下意識的動作，其實是一種種族歧視。難道按摩師傅是泰國人的話，我的髒腳就比較沒有關係嗎？

「眞的嗎？」我用日語問按摩師傅。

眼前這個膚色跟任何一個泰國農夫般黝黑，之前一直笑盈盈地用標準的泰語跟我對話的年輕人，突然轉換成標準的日式敬語，繼續跪著自我介紹：

「我是日本來的畧介，請多多指教。」

就這樣，我跟暑介成爲朋友，這個在清邁的按摩小店，靠著每個鐘頭按摩抽成八十塊錢泰銖維生，我生平第一次遇見沒有智慧型手機的日本年輕人，因爲他根本付不起，可是我看得出他很快樂。

「我一點也不委屈。」當我問暑介他會不會介意，老闆和其他的泰國師傅懶惰，總是差遣他，又總是拿他來跟客人炫耀。**「因爲技術是我學到的，經驗也是我自己的，一輩子都會跟著我，誰都拿不走。」**

後來我每次回到清邁，都會跟這個勤懇的日本鄉下青年見面，他也想知道除了泰國以外的世界是什麼樣子，他英文這麼爛，有沒有可能去別的地方見識。

「你已經有了學習一個外國語言成功的經驗，那就是泰語，而且完全靠自學，能夠聽讀說寫，這是非常了不起的。有了這樣學外語的成功經驗，我相信你學習任何語言，也都能夠成功。」

暑介當場拍手，露出大大的笑容。

「原來是這樣啊！那我知道了！」

「你想想，同時擁有農業、泰語、跟泰國古式按摩三樣專業的二十二歲年輕人，在日本除了你之外有第二個嗎？」

從來就不是優等生、富二代的暑介，對自己完全沒有自信心，但是此刻卻露出了豁然開朗的笑容。

半年之後，他果眞收拾行囊，離開清邁這家小按摩鋪子，離開他高中畢業之後就一直窩著的泰國鄉村，勇敢地邁向世界，開始他的新人生。

我一面祝福他的同時，也一面在想，如果我們都能如此**誠實地面對自己的平凡，接受平凡的自己，就能夠爲自己創造自己喜歡的工作，甚至自己喜歡的人生**。

我想要送給碞介的話，是達賴喇嘛說的：

「**這個世界並不需要更多成功的人，但是迫切需要各式各樣能夠帶來和平的人，能夠療癒的人，能夠修復的人，會說故事的人，還有懂愛的人。**」

我期許自己也是這其中的一個。

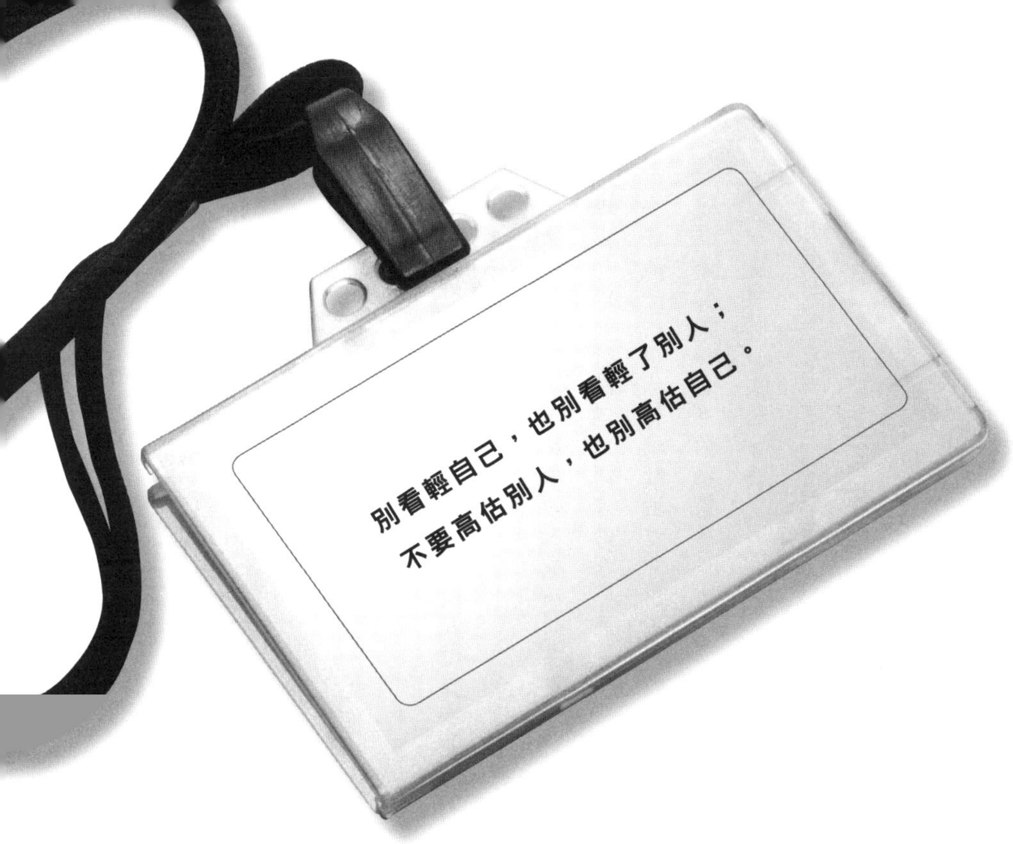
別看輕自己，也別看輕了別人；
不要高估別人，也別高估自己。

第 10 種視野

工作國際化

綠豆茉莉花茶抹醬的啟示

最近我有幾個喜歡旅行，足跡踏遍世界的朋友，不約而同在他們的臉書上分享了這段網路上出處不明的勵志小語：

「試著跟你不同年齡層的人成爲朋友。

跟與你說的母語不同語言的人廝混。

去認識一些跟你的社經地位背景不同的人。

這就是你認識世界的祕訣。

這就是讓你成長的方法。」

（Become friends with people who aren’t your age. Hang out with people whose first language isn’t the same as yours. Get to know someone who doesn’t come from your social class. This is how you see the world. This is how you grow.）

作爲一個旅行者，我實在太同意這段話裡的每一個字了。

比如說，你曾經試著將成熟的酪梨切開，突發奇想地把它像奶油一樣抹在剛烤出來的熱吐司上嗎？如果沒有的話，有沒有想過，爲什麼這樣的想法從來沒有出現過在腦海中？

日本的美食評論家來栖桂，來台灣後想到可以用在地的兩種簡單食材，製作一款讓人驚豔的綠豆與台灣產茉莉花茶結合的果醬。從小到大生長在台灣的人，幾乎沒有人沒吃過綠豆湯的，每個人也都喝過茉莉花茶，但卻從來沒有想過綠豆用糖熬煮後，以茶葉中單寧的苦味調和，可以成爲一種全新的抹醬。

把幾種稀鬆平常的東西，放在一起以後變成一種不可思議的新東西，這樣的能力不是只有廚師有，也不是只表現在食物上，而是每一個有經驗的旅行者都會具備的能力，表現在生活各個細節中。

「玩」在生命中重要的地位

旅行的人，跟不旅行的人，逐漸地變成了地球村完全不同的兩種部落。兩個喜歡旅行的人，一個來自馬達加斯加，另一個來自台灣的花蓮，在葉門的旅途中遇到。兩人說完全不同的語言，但是他們一定會很快發現彼此之間的共通點，可能比起他們自己家鄉那些同文同種，卻從來沒有出過國門的人，更像同一族人。

湯姆·瑞奇曼（Tom Rachman）在《你在我心中的崛起與衰落》這本小說中，主角杜麗就是這樣，年紀輕輕跟隨著父親從澳洲到曼谷，最好的朋友是與父親同輩的莎拉，以及說起英語像母語的俄國人杭弗瑞，後來她到威爾斯和英國的邊界頂下了一間二手書店。這些在不喜歡旅行、安土重遷的人眼中看來，像是漂泊的不幸人生片段，卻是每一個喜歡旅行的人心目中的美好生命縮影。

書中的各種角色，輕鬆地切換到紐約、里斯本、巴塞隆納、雅加達、阿姆斯特丹、馬爾他、賽普勒斯、雅典、伊斯坦堡、米蘭、布達佩斯、布拉格、漢堡、馬賽，職業和身分也隨著環境改變，有建築工人、超市肉販、酒吧經理、當鋪老闆的司機、老學究的知心、獨立的承包商，甚至有專門製造掛伊比利亞火腿用的鉤子的羅馬尼亞非法移民。

因爲，旅行者對於「工作」或是「職業」這件事，顯然有著另一種完全不同的看法。

對於旅行者來說，不斷地移動，不斷地在世界各種角落變換工作，並沒有改變旅行的本質，也永遠不會停止「玩」在生命當中重要的地位，因爲**人生就是一場大旅行。無論遭遇到什麼別人眼中的好事、壞事，做了什麼重要、不重要的工作，都沒有關係，但是好不好玩，卻很關鍵**。

旅行者不是沒有危機意識的傻子，也不是對於未來不會思量的及時行樂主義信徒，而是旅行者對於工作的風險這件事，看得比不旅行的人清楚。

旅行者心目中工作的風險，無非就是把綠豆跟茉莉花茶一起煮成果醬的驚世駭俗，還有把酪梨抹在烤吐司上的離經叛道。

就算常出國，有時候也充滿偏見與無知

我們應該都同意，不是出國花三、五千元台幣，去香港半島酒店喝一頓下午茶，就叫做國際化，也不是搭著飛機到國外去工作，就叫做國際化的工作。

國際觀其實不是到處出國旅遊，就自動會有的能力，而是一種生活態度，不信的話，觀察搭同一班飛機出國的人，就可以發現其實態度有很大的差異。

我最近讀到一篇有趣的報導，是由八十位航空公司國際航線的空服員觀察三十歲到四十歲這個客層的旅客，坐在不同艙等的乘客，在行為上有沒有什麼不同。

結果發現在等候登機的時候，貴賓室裡面的人大多在閱讀，而普通候機區裡的人全都在玩手機。上了飛機以後，頭等艙的旅客在飛機上往往是在看書，商務艙的旅客大多看雜誌，打開手提電腦辦公。一簾之隔的經濟艙的乘客則大多數看報紙、看電影，男性多數玩遊戲，女性則大多聊天，做些無關緊要的事情「打發時間」，要不然就是睡覺。

就算一樣是看報章雜誌，商務艙或頭等艙乘客有九成的人看財經類，而且在「專家評論」式的文章停留時間最久，顯示對於吸收資訊的強烈渴望，經濟艙卻有高達八成的旅客選擇看八卦雜誌或小報，或是來回翻閱機上免稅品目錄，目的以打發時間爲主。就算都是看自己帶上飛機的書，類型也差很多，統計有三分之二的商務艙或頭等艙旅客，閱讀商業理財類的書，經濟艙的旅客如果有看書的話，有一半左右是旅遊飲食類。

無論這個專題報導的有效度如何，確實丟出了一個很有趣的問題：「**到底是我們的位置，影響了我們的行爲呢？還是我們的行爲，決定了我們的位置？**」

我們都知道，就算時常出國的人，也可以充滿偏見跟無知。

但是很多人卻沒有意識到，不出國，在自己的城市生活，也可以當一個具有國際觀的人。

眞正的差別，在於生活態度。有國際觀的人出國，會看到別人的優點，自己的生活細節跟生命態度因此受到影響，並且將這些應用在日常生活之中，變成生活方式的一部分。在自己的國家生活、工作，就要做好國際化的準備，這樣無論到哪裡都會更順利，有能力隨時隨地可以享受生命，而不見得一定要出國工作。擁有國際觀，無論到哪裡都可以過得很好，能夠從日常的體驗中，製作出綠豆茉莉花茶抹醬的人，在哪裡都會找到很棒的好工作。

三種朋友讓自己國際化

我常常提醒自己，現在我在國際NGO所做的工作，是一份二十年前的自己，根本就不知道的存在這個世界上的工作，甚至無法想像是什麼樣的工作，可以讓一個台灣人，在一個美國華盛頓的獨立監察機構，擔任緬甸代表，訓練公民組織如何監督世界銀行、亞洲開發銀行的貸款案和投資案。原本我根本不知道這些事情的存在，更是沒有任何頭緒可以想像的。但是身在其中的我，發現自己非常喜歡這份工作，甚至很難想像，如果不是做這樣的工作，我要做什麼。

萬一二十年前，我認爲世界就是我當時所知道的那樣了，從此限制自己在當時已經知道的行業跟工作裡面勉強選擇，現在的我不會走到這一步。不但可以旅行，可以賺錢養活自己，可以幫助別人，可以學習新事物，還可以跟值得尊敬的人一起工作，而且一點也不覺得上司是菲律賓人或是緬甸人這件事，會有什麼傷尊嚴的地方。

我們沒有自己想像中，知道得那麼多。

但是還好，在旅途上有說故事能力的人，打開了一扇想像的窗戶，一旦看得到勾勒出的輪廓，夢想就可以變得具體了。

所以說故事的力量，實在非常地了不起。

打工度假回來的人，無論他們去了哪個國家，去了多久，做了什麼，都讓自己、還有其他聽故事的人，從此對於工作的想像變得更國際化。比如說目前住在波士頓地區的瑞典獨立電影導演林斯頓（Sebastian Lindström）從小熱愛旅行，高中就出國留學，大學跟朋友一路從摩洛哥旅行至南非等十六個國家，待過瑞典特種部隊，二〇〇五年時還在西非迦納創辦過一個兒童關懷組織「Light for Children」。他成立自己的紀錄片工作室「What Took You So Long?」（怎麼害我等這麼久！）預計以最低開銷的方式，到二〇一五年底為止，完成跨越全世界一百五十個國家的計畫。

林斯頓最初出發點是希望能建立一個草根組織運作的網路，但是當他發現很難推動時，他開始以攝影的方式，記錄組織中鼓舞人心的正面故事，比如花一整年走遍二十個國家，去拍攝全世界的駱駝乳製品業，在挪威的TED上發表演說。他說的這個故事鼓勵許多人找到生命的意義和價值，也引起越來越多人的重視，從此開始到處去說故事，從阿拉伯聯合大公國到索馬利亞，協助籌辦活動的對象從美國國務院到聯合國發展計畫署。

林斯頓出發時要做的事情，並沒有成功（動員草根團體），但是成就的卻是他原先想都沒有想過的事（說故事）。他一開始並不知道自己要成爲一個在世界各地藉著影片說故事的人，但是現在的林斯頓，可能無法想像如果不做這件事的話，應該要做什麼。

旅行改變我們的腦袋，讓我們的世界變大，從此我們有機會去做那一份原本我們根本不知道自己可以做得最棒的工作。

所以我也完全不排除這種可能性，從現在開始二十年後，我到時做的工作，說不定是現在的我完全無法想像的。

既然無法想像未來的工作，那要如何準備自己？這是爲什麼我覺得**讓自己成爲一個具備國際觀的人，比試圖控制自己的未來更加有價值**。

檢視自己是不是擁有國際觀，最簡單的方法，無非就是看自己的身邊是否擁有這三種朋友：跟自己年齡相差一大截的忘年之交、跟自己的母語不同的朋友、還有來自不同的社經背景的朋友。當這三個條件都滿足的時候，我相信你已經做好了基礎的準備工作。

第10種視野工作語錄
不出國，
在自己的城市生活，
也可以當一個具有國際觀的人。

第10種視野工作語錄
讓自己成為一個具備國際觀的人，
比試圖控制自己的未來更加有價值。

丹麥超商的一顆蘋果

丹麥的便利超商，蘋果是一顆顆單獨包裝，放在小塑膠袋裡賣的。一顆、一顆放在彷彿是包裝蜜餞的透明塑膠封套中，掛在鐵架子上，每顆六塊丹麥克朗，大約台幣三十多塊。架子上半部是紅蘋果，下半部是青蘋果。

我在臉書上分享照片以後，有些人贊成，有些人反對。

贊成的人，有各種不同的原因，有人說覺得這樣懸空比較善用空間，又方便，看起來滿衛生的。尤其是女性消費者，覺得好可愛，像在賣髮飾，會激起購買慾望，方便給原本懶惰吃水果、或是不喜歡蘋果的人。

反對的朋友則覺得雖然整齊美觀，但是像在賣假的東西，感覺是水果吊飾，像玩具。也有人覺得過度包裝太浪費，不環保，或是擔心沒有冷藏，保鮮度不夠好。

我相信無論是超市裡堆得像小山一樣的蘋果，還是在便利商店一顆一顆採用單獨包裝的蘋果，一般人吃進肚子裡，恐怕無法分辨出哪個好吃，哪個不好吃。

那麼眞正的區別在哪裡呢？我不禁問自己。

同樣一顆蘋果，就差有沒有裝在包裝袋裡，爲什麼會帶給我們不同的感受？超商這麼做背後眞正的動機又是什麼？難道是會去超商買東西的人，他們的手比去超市或菜市場買的人髒嗎？

我一個在上海專門做包裝設計的朋友小魚分析說：「這樣也可以賣得貴一點。加了包裝就加價。」

可是我去超市比較了一下，無論有沒有包裝的蘋果，在哥本哈根的價格平均一顆都是六克朗，超商如果要一個一個增加包裝，反而會增加成本。但或許因爲有條碼管制，比較容易控制進出貨盤點，避免吃了沒付帳，還有上下架的保鮮期限，所以管理容易，成本反而下降了。

當然，小魚也說了一個很重要的心理因素，因爲比較害羞的人如果只想吃一顆蘋果的時候，到超市去只買一顆秤重結帳時，會覺得自己怪怪的。但去超商買這種本來就是一顆單獨包裝的蘋果，就會顯得很正當，因爲「包裝」這件事說明了「這本來就是一個一個買的東西」。

但我覺得眞正關鍵的區別是，包裝會讓原本不是規格化的東西，產生統一規格的錯覺。

學校規定學生穿制服，甚至規定髮型，就是這樣的暗示意味。要孩童穿制服的國家或是學校，都把「乖」「守規範」這類的品質當成一種重要的美德，希望每一個學生，都是這個學校的規格產品，甚至這些學校的老師，會強調「要讓人家一看，就知道你是我們學校出來的學生」。

至於沒有規定學生穿制服的學校或是國家，總是強調學生的個體性，似乎在安靜地吶喊著：

「別以為每個孩子看起來都很像，但是**請仔細觀察，每一個人都是完全不同的喲！**」我們時常為了方便，把每一個明明完全不同的生命，塞進同式樣的塑膠袋裡，貼上條碼，只要塞不進去的，就是不合規格的產品。

應該沒有人會同意，只要塞不進超商製作的塑膠包裝袋的蘋果，就是壞蘋果。但事實上是，即使一顆特別大、特別好的蘋果，在這樣的機制下也會被淘汰，沒有機會一起陳列在貨架上。

我們以蘋果為例時，很容易就看得清楚。可是為什麼換到現實生活中，看待人與人之間的關係時，就頓時無法耳聰目明呢？否則學校不會有霸凌，社會上不會有那麼多種族衝突，對於外來族群、弱勢族群有偏見，甚至發生虐待的事件。

除了整齊美觀的社會，我們認為一個美好的社會，真正重要的是什麼？有趣的是，特別講究規矩的英國和日本，也恰好是世界上唯一我看過有「蘋果自動販賣機」的國家。我感謝丹麥超商的一顆蘋果，讓我有機會好好思考這個問題的答案。

第10種視野工作語錄

從看待世界的角度，
了解自己。

去了澳洲打工度假，才知道為什麼22K值得賺

二〇一二年九月的時候，有一篇報導訪問去澳洲打工度假當時二十四歲的台南人Rex黃景廷，引起許多年輕人的共鳴。他在訪談中說：「在澳洲我瞭解到，世界很大、很不一樣，也很有落差……我一個背包客，在澳洲一週工作五天，朝九晚五準時下班，一個星期就有22K；假日上班還有加倍的薪資，穩定工作一個月可以存到五、六萬塊。此外，認眞工作的話，老闆還會肯定你、鼓勵你。說穿了，花更少的精力換更大的利益誰都想要，憑什麼要我們回去領22K？」

這樣的「比較」，是國際化工作的第一階段。透過不同的環境，我們看到在工作環境、工時、薪資上明顯的區別。

第二階段是「透過國際觀思考」的能力。也就是當我們知道這樣的區別確實存在以後，應該要怎麼想？

到澳洲打工度假的人，有拚命賺錢的，因爲薪水高，所以一心想趁著這一、兩年的時間，存錢帶回台灣。另外一種是因爲薪水高，所以只要用一半的時間打工，就可以存夠旅費，而另外一半的時間去旅行，雖然錢花完了，但是可以開眼界，學習異國文化與價値觀、認識不同的朋友。黃景廷選擇後者，他說每次到露營區，不論平日或是假日，總是滿滿的都是人，他就會去跟那些開著露營車比他自己年紀大上一大截的當地人聊天，知道他們四十幾歲就選擇退休，開始四處旅行，享受生活。

這些跟Rex聊天的澳洲人符合三個條件：跟自己年齡相差一大截、跟自己的母語不同、來自不同的社經背景。在這樣的談話中，有一句當地人對亞洲人的評語特別敲中Rex的心坎：

「We work to live, but you live to work.」（我們工作是爲了要能享受生活，你們活著卻是爲了工作。）

第三階段是行動。要如何透過工作，讓自己能夠過著自己喜歡的生活？

「對啊！我也覺得工作的目的，是爲了要能夠享受生活！」Rex決定學習分配工作跟生活的比重，所以他在採訪中說：「來澳洲半年，我剛好工作三個月度假三個月，經過三個州、五個大城，開了六、七千公里路，更不要提途中所有的美景讓人難以忘懷。我過得不是很奢華，但是也不至於餓肚子，我過得很快樂。」他沒有選擇在澳洲剩下的日子當搶錢一族，這就是用行動來做選擇。實際上，據他自己後來表示，在澳洲打工度假一年中，實際工作時間大約半年，工作的薪資所得相當於五十五萬元台幣，他花了其中的三十萬元在澳洲當地旅行，存了二十五萬元帶回台灣，準備作爲未來的旅行或是留學基金。

拒絕被規格化

但是我最感興趣的是，有了這樣的國際工作經驗之後，當時Rex做出「台灣的工作環境很艱難」這樣的結論，等到打工度假的時間期滿之後，他下一步必須做出什麼樣的行動？是想辦法長期留在澳洲？

還是回台灣忍受被他形容爲「上班打卡，下班責任，假日做到死」的22K月薪？

還是他在澳洲期間，爲自己做好了回台灣以後，確保不會陷入這個工作泥沼的準備？

二〇一三年春天，打工度假一年期滿以後，Rex並沒有選擇繼續留在澳洲，卻回到台灣。他回台之後我能找到的相關新聞，只有在公共電視新聞議題中心有Rex受邀撰寫的三篇心得文，在文章最後，他說：

「**見到世界之廣，才發覺自己很渺小，我還有很多要學習**。我知道同年齡的人在做什麼，有何種想法和抱負，知道要如何面對害怕與恐懼，知道該如何發問以補充自己的不足，知道該如何自己解決問題。

「最重要的，我知道了人生的路很廣，未來絕不是只有被設定好的一種模式而已。我常懷念澳洲的那一片藍天和滿天星空，即使每天工作忙碌，生活卻不會因爲緊湊而匆忙，反而是很休閒輕鬆的，努力朝自己目標前進，簡單又容易滿足，容易快樂。」

後來的Rex在做什麼，回台灣後他有工作嗎？如果有的話，他的薪水多少？爲什麼可以接受？他的想法是不是有什麼改變？於是我決定親自問他。

「二〇一二年去澳洲的時候，本來就不是爲了賺錢而去的，因爲大學念休閒相關科系，知道澳洲的休閒產業很發達，所以希望能夠透過打工度假，存到自己環遊澳洲的旅費，我想要多認識、多體驗澳洲。」Rex透過臉書告訴我，「澳洲打工度假一年結束之後回台灣，有試圖工作過幾個月。但我想大部分在澳洲工作過的背包客，回台灣工作之後心裡都會很茫然，需要一段時間去調適工作及收入的落差。因爲在台灣的工時更長薪水反而更低，其實是滿難適應的，我第一年也是這樣。所以幾個月後，就辭去工作，去了南美洲的哥倫比亞及祕魯三個月。二〇一四年五月我再次回到澳洲，白天當咖啡師，晚上當酒保，月收入平均大概八、九萬台幣吧！」

「這次去澳洲主要的目的是工作存錢，還是有什麼計畫嗎？」我問。

「世界上還有很多我想去的地方，但是我知道如果我在台灣工作，領薪水存錢可能需要好幾年才有辦法達成，而且可能等太久就不會去了。所以我希望這次在澳洲存夠旅費去北歐，去冰島、丹麥、芬蘭、挪威，看大山、大湖、火山、冰河，想要知道爲什麼那裡的人生活快樂，想知道爲什麼他們的教育是全球第一。

然後我還想再回南美洲，因爲上次只待了三個月，還有太多國家沒有去。加上當時一句西班牙語都不會講，比手畫腳雖然也很有趣，但是無法有效跟當地人溝通，錯失了很多在地的文化、歷史故事，總覺得少了點什麼很可惜……」

「那你怎麼看上海移民澳洲的老闆歧視巴西黑人咖啡師的事件？」我忍不住問Rex的看法。

「我一點都不意外。」Rex說，「澳洲政府對於勞工，還有澳洲居民的照顧跟政策都很完善，雖然有時候還是會有遇到少數有種族歧視的人，但是大部分的澳洲人對其他民族很友善。在這邊找工作，我們都喜歡找老闆是澳洲人的公司，因爲許多華人老闆除了會歧視自己人，還會苛刻員工，不給休息，覺得你不想做沒關係，反正有一堆中國留學生、或是『跳機』的非法黑工會想做。要不然就是提供『cash in hand』這種不報稅、非法又沒有保障的工作機會，講難聽一些，最常聽到有種族歧視跟工作糾紛的都是華人……」

「哈哈，就是換了國家但是沒有換腦袋。」我也笑了。

我相信，Rex眼前還有很長的路要走，有很多的決定要做。雖然還不知道未來的自己要做什麼，但是他已經很清楚知道自己不要什麼。接下來，他說想用幾年的時間去看看世界不一樣的風景跟文化，然後在國際貿易、觀光旅遊相關的產業尋求發展。雖然他還不是很具體知道那是什麼，但從跟Rex的對談當中，我看到有一樣重要的工具他已經具備了，那就是屬於自己看待世界的角度，自己的國際觀，拒絕當丹麥超商貨架上，那一顆被裝進塑膠袋裡的蘋果。

有充分的國際觀，會知道就算一個星期有22K，也是不值得賺的工資。

有了充分的國際觀，就會發現世界上有就算一個月只拿22K甚至更少，卻很值得做的工作。

第10種視野工作語錄

要如何透過工作，
讓自己能夠過著自己喜歡的生活？

帶腦子去旅行，回來記得說故事

在中國開創「多背一公斤」運動的NGO界朋友安豬，在這個活動開始幾年之後，需要捐贈文具的偏鄉學校隨著中國的快速富裕而變少了，於是有人問他說，現在不需要帶文具了，要帶什麼呢？

他的回答讓我印象非常深：

「**帶腦子去就行了。**」

這聽起來像是無厘頭的玩笑話，在我聽來卻有很深的意思。

就好像台灣的偏鄉、部落學校，這些地方雖然偏僻，硬體設備往往不是最缺乏的，因爲不少慈善團體或是企業都會捐贈設備。可是這並不代表這些孩子的世界就因此變大了，不信的話，問他們未來想要做什麼，大多時候我都覺得心要碎了：

「去工廠當模板工。」

「去桃園打零工。」

「工地的建築工人。」

偶爾可能會有一、兩個女生說要當老師。

倒不是職業有什麼貧富貴賤的區別，因爲我是不在乎這個的。但是我在乎的是，這些答案怎麼來的。只要稍微去瞭解，就不難發現這些孩子的父母，大多數離鄉背井長年在外，就在大都市從事幾樣少數的行業，所以留守在部落、村子裡的孩子，也就只知道有這麼幾種職業，頂多加上他們在學校見到的老師，除此之外就沒有了。

因爲這些偏遠地區的孩子，從來沒有見過電影紀錄片導演、銀行員、研究所學生、打工度假的青年、廣告公司的行銷企劃、行動藝術家、出版社的編輯、超級市場的採購……人是沒有能力去想像自己不知道的事情的。

「……所以只要去這些孩子的面前說故事，說你是怎麼樣成爲現在的你，就夠了。」安豬這麼說。

所以當我在臉書上面看到一個正在念研究所的讀者李若寧，暑假有機會到孟加拉的達卡「亞洲基金會」（The Asia Foundation）實習時，我迫不及待地主動跟她聯絡，請她把接下來幾個月的觀察，好好記錄下來，回來以後可以說故事。因爲幾年前當她第一次坐在台下聽我演講時，就是那個對於國際發展工作充滿憧憬，眼睛發亮的大學生，會後還因此在臉書上問了我許多相關的問題。我想知道，當她終於有機會自己踏出夢想的這一步時，究竟看到了什麼。

比如說，我們都知道觀光客跟旅行者不一樣，我們都希望自己是旅行者，而不是觀光客，但是當事實擺在眼前的時候，我可不可以接受觀光客的自己？

我們很容易「誤判」，心目中以爲的自己，可能跟眞正站在國際舞台上實際的自己有很大的落差。台灣大學生跟同年齡孟加拉大學生的差距，也可能會讓我們非常驚訝。我們很容易高估自己的能力，台灣社會新鮮人的兩大致命傷「太幼稚」跟「太謙虛」，要如何才能夠拿捏這把尺，**別看輕自己，也別看輕了別人；不要高估別人，也別高估自己**，就是一個需要由「自己人」親自走過以後回來說故事，才打得開的一扇窗戶。

工作是一種看得見的愛

當我一位德國朋友，說他的妻子爲了寫女性主義的博士論文，因此下海去荷蘭阿姆斯特丹著名的紅燈區當了兩年賣春婦，將自身的經驗寫成論文，還差點因爲陷入毒品的深淵而無法自拔的數年間時，我覺得這種自我實驗的方式很激烈。我整本論文前前後後翻來翻去，內容雖然深刻，但是老實說對於這個行動，我並沒有太大的感動。

約莫同時期，我有一個在防治愛滋病感染的NGO工作的日本好友，因爲好幾年下來，一直覺得無法眞的深入到需要推廣的使用者族群，所以決定自己下海成爲應召女郎，讓自己每一次接觸到每一個客戶、每一個同業，都抱著必死的決心，將定期檢驗還有安全性行爲的正確觀念，用自己的肉體作爲宣傳單。她說她眞心喜歡當性工作者，大於做NGO工作者，因爲她終於可以做到她深信覺得重要的工作，接觸到她最需要接觸的人。她這種離經叛道的做法，卻深深感動了我。

我時常在想，這兩個人的行動，雖然這麼類似，同樣是高級知識分子因爲自己的理想而去從事性工作，但是爲什麼帶給我的感受，卻有如此巨大的差別。

其實一直到現在，我還沒有確切的答案。但是我有一個粗淺的輪廓，那個區別，應該是**工作裡面「愛」的純度不一樣**。

我德國朋友的妻子，是爲了寫出一份獨一無二、驚世駭俗的博士論文，而去從事性工作。她愛的其實說來說去，還是自己。

但是我那位日本朋友，之所以決定從事性工作，是因爲她對於在NGO推廣效果不彰覺得挫折，而決定用她心目中覺得最有效的方法，來達成工作的目標，她眞正愛的是那份她決定辭去的NGO工作。她從事的性工作，是爲了防止日本風化場所普遍存在的危險性行爲，是一種看得見的愛。

雖然帶給我的感受完全不同，但這兩個人都做對了一件不簡單的事，那就是她們對於自己的限制，認識得非常清楚。知道自己如果不採取如此極端的手段，就無法將工作做好，無論那份工作是博士論文，或是對安全性行爲的推廣。

她們顯然對於自己的適才適用，也都有相當正確的理解過程，因爲就像任何專業，性工作者不是任何一個人想做就能做好的，有很多外在和內在的條件。相對來說，很多人終其一生都搞不清楚自己的能力與狀態，也未學習與成長，只覺得自己隨著年資增長，就可以得到好的工作與條件。性工作者所必須面對的現實，就絕對是一份徹底打破這個迷思的工作。

她們每天都必須想著，這份工作是否很快就會被取代？

更重要的是，面對知情與不知情者的嚴苛眼光，她們成就感的來源又是什麼？無論是博士論文的指導老師，或是推廣安全性行爲的NGO組織，都很可能不會認同、諒解她們採取的這種極端做法。但是她們爲什麼還是要堅持做到底，就算身敗名裂、粉身碎骨，也在所不惜？

反觀我自己選擇當一個作家，這份工作的成就感來源又是什麼？我需要回答的問題，包括這份工作可不可以養活自己？多久會有一部新作品？這份工作是否可長久？還有「產量」跟「產值」之間的拉鋸戰。以日本文壇的專業作家來說，無論大牌、小牌，只要想在出版市場立足，當一個專業作家，就必須要有量產的能力，沒有能力做到這點的作家，就會被淘汰。認爲可以花三十年的時間，寫一部傳世鉅著的作家，是不會得到出版社的青睞的。

但是如果寫很多，大家都不喜歡，那又有什麼意義？

慢慢地，我看懂了。

那個曾經在柬埔寨當國際志工的A，在東南亞異國的鄉間，她可以做設計，可以做兒童教學，可以上畫畫課，自己好像是號人物，她喜歡那種感覺。但是回國後A很失落，因爲自己再度變得「什麼都不是」。原來A跟那個爲了得到博士學位而去從事性工作的德國妻子一樣，她們都不是眞的愛她們所做的工作，她們只是愛上自己的獨特，因爲她們害怕面對平凡的自己。一旦這個獨特消失了，這份工作就像嚼了很久的口香糖那樣褪去了滋味，突然只想找到最近的垃圾桶，可以趕快丟棄，然後重新上路。

反觀日本NGO離職的朋友，雖然她沒有NGO工作者的職稱跟身分，但她卻因此找到了可以完成工作的獨特方式，因此她非常愛這份工作，她的另一半也全心全力支持她的決定。

就好像住在屏東的印尼外籍配偶朋友阿妮，她原本在機構擔任社工員，因身心俱疲罹患憂鬱症而離職，最近她卻成功走出憂鬱症。在告訴我這個好消息的同時，告訴我她最近的新體悟：

「**原來我的工作可以看見愛！**」阿妮有一天很興奮地傳私訊給我，「以前在社福機構，覺得我幫助外勞跟其他外配朋友，是一份任務。爲了要寫報告，所以必須要做，報告要寫長一點的話，就要多做一點。但是自從離開機構以後，才漸漸發現，我眞的在做幫助人的工作。」

同一天稍早，我注意到阿妮的臉書動態寫著：

「今天星期天，約好跟曾經服務過他們的移工朋友見面。他們說要去海邊，身爲姐姐的

第10種視野工作語錄

社會新鮮人兩大致命傷，
「太幼稚」跟「太謙虛」。

第10種視野工作語錄

原來我的工作可以看見愛！

我，就帶著他們去旗津走走。」

同時上傳的，還有十六張照片，照片中的印尼移工們，有人滑手機，有人吃烤魷魚，有人特地穿得很帥，有人擺很帥的pose，但是大多數相片中的他們，還是在滑手機。阿妮似乎毫不在意，每張照片裡，她都是笑得最開懷的那個人。

沒有在機構擔任正式社工職務的阿妮，露出久未出現的爽朗笑容說：「我現在很清楚我的身分，我陪伴在印尼移工朋友的身邊，我是他們在台灣的姐姐。」

我一點都沒有懷疑，失業中的阿妮，已經找到了世界上最棒的工作。因爲那不只是一份名符其實的國際工作，同時更是一份看得見愛的工作。

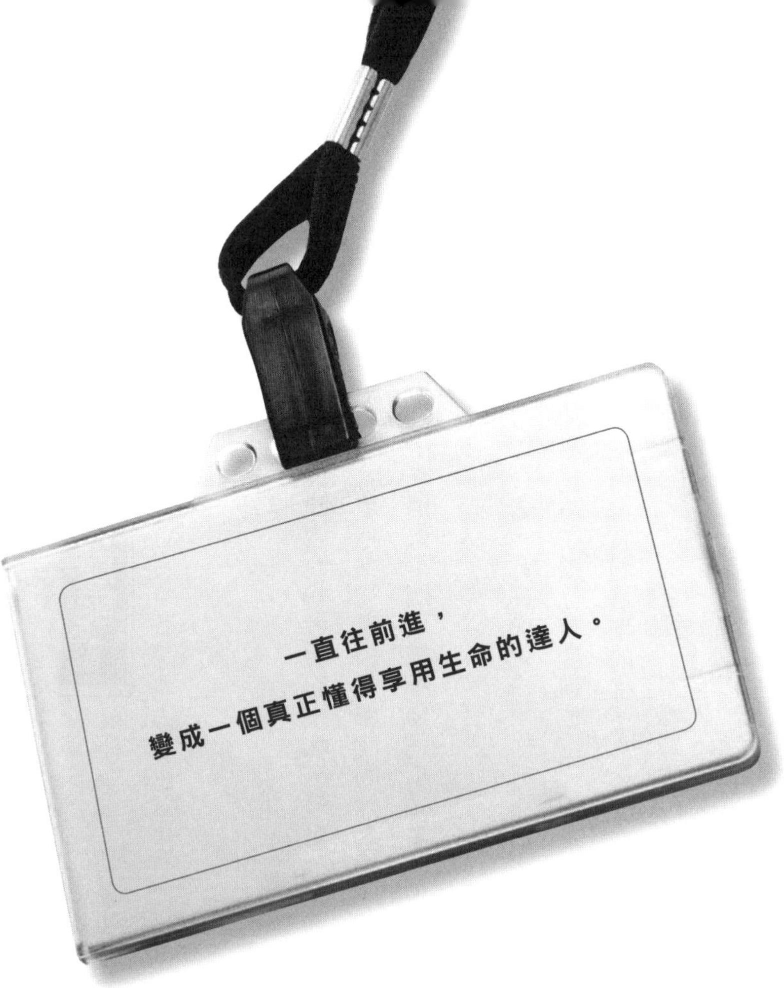
一直往前進，
變成一個真正懂得享用生命的達人。

第 11 種視野

工作小退休概念

接下來，到底要做什麼呢？

在國外生活，難免總會懷念一些台灣的小吃。最近一次回台灣的時候，特別跑了一趟臺北建國花市附近的小攤子，想吃點從過去就常吃的炒米粉。

沒想到一到現場，小吃攤餐車四周被不鏽鋼板鎖著，還綁著鐵鏈，上面貼了一張紅紙，上面潦草地寫了兩個字：「退休。」

雖然如此，裡頭燈還亮著，我探頭進去看了一下，老闆一如往常打著赤膊，挺著圓滾滾的肚子。但是不像平常那樣站在攤位前忙進忙出，而是坐在椅子上，拿著一把扇子笑盈盈地搧著風，就算看見我也絲毫沒有想搭理的樣子。

於是我只好悻悻地離開，當晚在線上跟姊姊說這件事時，她也很吃驚地說：

「什麼？阿財退休了？」

「誰是阿財？」是我衝口而出的第一句話。

然後我才突然會意過來，我當然應該知道阿財是誰，但是我竟然可以連續向他買了十幾二十年的炒米粉，卻從來不知道他的名字。

如果換成是我，幾十年辛苦工作的人生，卻只是鄰居在偶爾想吃一碗炒米粉的時候才會想起，連個名字都沒有的人，誰都會不想幹吧？

我從來沒有想過，人家米粉攤的老闆當然有名字，想必他的人生，還有更多更多我沒有看到的面向，還有很多我從來不知道的故事。但只因爲他的職業是一個賣米粉的攤販，所以我作爲老顧客，只想著如何讓自己的人生不斷進化，卻從來想也沒想過他的人生當然也是如此。

雖然覺得可惜，但是打從心裡祝福他，因爲如果不是這樣，我永遠不會知道，原來他的名字叫做阿財。

但是阿財啊阿財，你總不能從此以後，每天就只是光著肚皮坐在原處搧扇子，帶著幸災樂禍的笑意看著那些上門撲空的客人吧，你接下來，到底要幹麼呢？

為了自己快樂，還是為了讓別人羨慕？

我一位編輯朋友Monica在臉書上分享了一則讓我玩味再三的話：

「今年國慶煙火在台中，許多看得到煙火的飯店都被訂光光。有一位記者採訪一位正要入住的太太有沒有很開心。

太太說：『很開心，因爲很多人都很羨慕。』

一句話道盡多少人間實相啊！」

不知道這位太太是因爲太坦誠，還是因爲突然被記者一問，來不及反應所以說出了眞心話，不過的確讓人在莞爾之外，値得多加玩味。

賣米粉的阿財，每天眞的很辛苦，所以選擇退休，不再爲了掙錢而整天在油膩酷熱的湯湯水水間打轉。究竟是爲了自己的快樂，還是爲了讓別人羨慕？我試著問身邊許多人，心目中理想的退休生活是什麼樣子，雖然每個人都說了一些想法，像是運動、養生、旅行、蒔花種草、含飴弄孫、做公益……彷彿每個人都有著自己確知的退休夢想，但實際上，我卻沒有看到幾個人能眞的實現自己理想的退休生活。

很多人想法過於簡單，覺得退休夢想的實現，主要就是財務準備是否充裕，直白一點，就是錢夠不夠多。

其實並不是這樣的。只要再多想一分鐘，就會發現除了要有足夠的錢之外，健康、與家人的關係、個人的人生觀等等，都決定了退休以後的生活，是否能夠稱得上幸福。

沒有錢，甚至負債，或是因為年輕時沒有照顧好自己的健康，到老年時百病纏身，會造成家人的負擔，沒有生活品質可言，這是明顯的不幸福。

但很多人沒想到，一個毫無自我的人，卻無意識地把自己晚年是否幸福，全心全意灌注在是否可以含飴弄孫，這就是變相地將壓力加諸在其他人身上，變成家人的負擔而不自知。這樣的退休生活當然難以感受到幸福，最後幸福與否的關鍵，不是自己開不開心，而是像那位太太一樣，取決在有沒有被很多人羨慕。

工作了一輩子，最後剩下的是：被羨慕就開心，沒有被羨慕就生悶氣。**這樣的人，就是沒有在退休前做好眞正的準備**。

先練習小退休，安排時間享用人生

最好的退休準備，就是趁年輕的時候，給自己「小退休」的機會，練習一旦自己完全擁有時間跟自由，要怎麼享用人生。

「小退休」可以用很多種不同的方式，在不同的人生階段出現。可以是年輕人的「間隔年」（gap year），可以是青年的海外打工度假，也可以是在職涯中脫離傳統朝九晚五、尋找適合自己的工作模式。

一位原本在台灣是穩定的上班族，工作了幾年後決定於二〇一三年出發到韓國打工度假的讀者朋友，曾經跟我分享她的韓國經驗：

「因爲考慮到服務業多少會有業績壓力，不想在國外賺錢賺得有壓力，我選擇了沒有壓力、安全、又高薪的工廠。工廠大部分在京畿道，距離首爾才一個多小時，我在工廠工作了八、九個月，存了不少錢，中途還出國玩呢！當然我也很會花，因爲韓國的化妝品、衣服眞的很好買，又有一堆美味甜點。我現在把存的那些錢拿來繳學費，去語言堂上課，眞的很開心又充實地享受首爾生活，我很開心自己撐過來，也感謝自己當初選擇先苦後甘是對的。」

在年輕的時候，有過這樣的練習，知道如何做選擇，就好像學會騎腳踏車，一旦學會了，無論中間有多久沒有再騎車，你的身體都不會忘記那種感受。在醫學上，這種記憶叫做程序記憶（procedural memory），又稱爲內隱記憶（implicit memory），指關於技術、過程、或「如何做」的記憶，一旦內化，可以非常持久。除了騎腳踏車之外，鍵盤打字、使用樂器或是游泳都屬於程序記憶，通常不容易改變，且可以在不自覺的情況下啓動。

聽起來雖然簡單，但是只知道理論上怎麼騎腳踏車（還不簡單？不過就是保持平衡，一直踩踏板嗎？）卻沒有實際上學習過騎腳踏車的人，在需要的時候，就不可能有這種能力。

這是爲什麼，在海外打工度假的人，學習的不只是年輕人的自立，同時也學會了退休後如何享用人生的方法。

第11種視野工作語錄

被羨慕就開心，
沒有被羨慕就生悶氣。
這樣的人，
就是沒有在退休前做好真正的準備。

第11種視野工作語錄

給自己「小退休」的機會，
練習一旦自己完全擁有時間跟自由，
才知道要怎麼享用人生。

世界很大，但是又很小

在不間斷的職涯中，找到脫離傳統朝九晚五、尋找適合自己的工作模式，則是另外一種「小退休」，也是我自己奉行的生活方式。

二十九歲那一年，花了一年去完成夢想中的航海，原本以為完成之後就會安安穩穩地回到正常，在一個地方上下班生活，沒想到那一年的經驗，卻讓我發現原來對於航海有如此的熱愛，從此生命做了一個大轉彎。

「雖然還是要繼續工作，但是只要做可以允許讓我每年有十個星期能夠去航海的工作。」這是當時對自己的約束。

從此以後，我決定選擇兼職、顧問職，就算是全職的工作，也要是責任制，而不是上下班打卡制度才行。因此，我真的一面做可以維生，而且真心喜歡的國際NGO工作，同時還可以維持每年十個星期航海的習慣。

如果說我是特例的話，容我介紹一個也很特別的丹麥朋友，叫做Runi。

他之所以特別，有三個原因，一個是因爲他來自法羅群島，丹麥在挪威海中央遙遠的自治領地，這個由十七個小島組成的群島，總共只有不到五萬人口，當地人以遠洋漁業維生，學校教育使用法羅語，也有自己的自治議會，甚至沒有加入歐盟。另一個特別的原因是，他是出生後不久就被領養的韓國人。這兩個原因，讓他變成少數中的少數。

Runi是一個專業廚師，拿手的是丹麥菜，在丹麥議會裡面的餐廳工作。雖然一副亞洲臉孔，卻完全不能吃辣，除了母語法羅語跟丹麥語，他只會說英文。收養他的是一個當地醫生的家庭，家境相當不錯。他從小就知道自己跟別人不一樣，即使到現在，全家四個兄弟姊妹中，也只有他一個人離開法羅群島，搬到哥本哈根工作、生活。

從小他時常想，他的生父母是什麼樣的人？當初爲什麼會將他送走？這個答案在他二十五歲的時候，突然有了解答。

在首爾的生父，有一天看了電視上在外國長大的韓國孤兒回韓國尋根的節目後，決定寫一封信，給當年的認養機構，表達他們想要聯絡上當年被他們送走的兒子的意願。經過一番輾轉，當時剛剛搬到哥本哈根的Runi，終於被聯繫到了。

Runi於是安排了休假，到首爾去認親。但是當他踏上韓國的土地時，尋找他的生父卻已經在那年的春天去世了。

雖然如此，Runi還是見到了生母，還有他的兄弟們，也知道了當年送走他的原因，當然每個人都激動得不得了。

「當時你的哥哥三歲，你才剛出生，我們家境不好，實在養不起兩個孩子。哥哥已經三歲，有點懂事了，比較難割捨。你才剛出世，所以我們只好選擇放棄你，至少你會比留在我們家生活過得要好。」生母這麼說。

Runi看著比他小三歲的弟弟，並沒有被送走。或許是那時候，家境已經改善了，他只能說是生不逢辰。這些話，當然是透過弟弟找到會說點英文的朋友，經過翻譯才明白的。

「好奇妙，那一天，我們兄弟三人一起去游泳。衣服一脫，我往右一看，發現我的腿跟哥哥的腿一模一樣，往左一看，發現我的上半身跟我的弟弟一模一樣，那種感覺我這輩子從來沒有過。因爲在那之前，我永遠跟身邊的每一個人都不一樣。」

就這樣，他在原生家庭住了六天六夜，雖然大多數時候唯一的溝通方法，只有Runi手上的旅行會話手冊。

「我們道別的時候，雖然留下彼此的聯絡方式，但是在我心裡，很清楚知道，這一章在我的生命裡面已經合上了。」Runi說後來半年之內，雖然生母還是會打電話來，但是Runi除了學會用韓文說「我愛你」之外，什麼都沒辦法說。所以久而久之，這樣的國際電話，也就停止了。

「這種決絕的態度，跟近乎殘酷的現實感，完全是丹麥式的啊！你果然不是亞洲人。」我半開玩笑地說。

「確實是這樣，我想我永遠也不會再去韓國，就算去也不會去見這家人了。」他很認眞地說，「我生母當年是對的，我在法羅群島的養父母，因爲是醫生家庭，在當地算中上階層。首爾的生父母家，屬於中下階層。被出養到外國家庭，的確過得比留在他們身邊來得好。」

「十年以後，你還會在哥本哈根嗎？」我每次遇到人，總會忍不住問他們的十年計畫。

「那時候，我的房屋貸款付清了，應該就會走到哪裡工作到哪裡，一面當廚師，一面環遊世界吧？」Runi理所當然地說。

廚師Runi在丹麥議會的餐廳工作，並不是廚師，而是侍應生。這是他很特別的第三個地方。

「如果我當廚師的話，就沒有辦法每年連續休假六個星期，而且壓力會很大。」他說，「在丹麥當侍應生，需要專業的資格考試，有牌照的侍應生薪水相當好。丹麥跟美國不同，沒有侍應生需要靠掙小費生活，而是領固定的不錯薪水。所以我這輩子，可以接觸喜歡的料理工作，卻不需要過廚師那種充滿壓力的生活。」

也就是說，他在料理的領域裡面，找到了一個合適自己，壓力係數剛好的工作，而不是一個能夠賺最多錢的工作。這樣的人，我相信他對於退休的人生，應該有很清楚的想法。

沉默了一會兒，Runi果然問我：「等你老了以後，你覺得有一天會不會想要落葉歸根？」

「可能會吧！」我想了一想。

「我也是。」Runi說。「我想我會離開丹麥，回法羅群島的山海之間，回到我的家人身邊，去過安靜的日子。」

我笑了，本來以爲他要說韓國的啊！果然不是。

「那我問你，你喜歡吃韓國菜，是因爲眞的喜歡料理的味道，還是一種潛意識的補償心理？」我笑著問這個一點都不能吃辣的廚師。

「我是眞的喜歡韓國料理的味道。」Runi毫不猶豫地回答。

世界這麼大、卻又這麼小，而認同眞是一件奇妙的東西。

工作與生活的平衡點

我的朋友Runi所做的選擇，讓我相信一個人只有在找到享用人生的方法後，才算是眞正地成長。

因爲**人生不能除了工作，就沒有別的追求了**。

其實在西方職場強調所謂「work-life balance」（工作生活平衡），彷彿這是個革命性的新觀念之前，十九世紀英國的社會改革家拉斯金（John Ruskin）在「工業革命」（Industrial Revolution）早就開宗明義說得很清楚：

「爲了讓人們樂於工作，必須達到三件事：適才適任、不能過度工作、要從工作中得到成就感。」（In order that people may be happy in their work, these three things are needed: they must be fit for it, they must not do too much of it, and they must have a sense of success in it.）

但事隔將近兩百年，顯然我們還在尋找那個平衡點。

工作與家庭間的潛在衝突無處不在，只爲了五斗米折腰而勉強做的工作固然讓人痛苦不堪，即使是夢幻中的理想工作，也會影響家庭生活。這是爲什麼，有不少西方國家，讓有才能但家有年幼孩子的員工，採用進辦公室工作半天，或是每個禮拜上班三天的方式，剩下的時間透過電腦網路在家工作。因此不需要放棄工作機會，還能留出更多的時間給家庭和子女，他們仍然是獲得全薪的全職工作者。

「那怎麼可以呢？」或許有人立刻會覺得這樣的方法行不通。但是仔細想想，員工長期一直處於不佳的工作、生活狀態之中，如果能夠提高員工的工作效率、吸引優秀的人才、降低重複訓練新員工的成本、增強員工對職場的滿意度，還可以建立一個氣氛更加愉悅、制度更加公正的工作場所，當然是雙贏的局面。

美國的「公平勞工標準法案」（The Fair Labor Standards Act）其實有一套已經行之有年的「80／9」制度，就是兩個禮拜十四天中，工作九天，休息五天，九天的工作日加起來一共工作八十小時。在壓力大的醫護人員等特定行業，甚至推行「80／8」制度，就是兩週工作八天，工時加起來還是八十個小時，也就是兩週之中有六天是休假，相當於每個禮拜工作四天。

墨西哥電信（Telmex）大亨，也是全球首富的卡洛斯・史林（Carlos Slim Helu）更推進一步，最近在巴拉圭一個商業會議上對其他拉美商業領袖大膽提出，與其員工每週上班五天或六天，不妨每週上班三天就好，每天工作十一小時，然後將退休年齡由現在的五、六十歲，往後推到七十歲、甚至七十五歲。這樣一來，每個人每星期都有四天假期，可以有足夠的時間休息，享受生活，追求自己的興趣，也不用在身強體健的時候就退休。

「我們之前都做錯了。」卡洛斯．史林在會議上對著兩百名拉美裔的企業主這麼說，立刻引起輿論譁然。他說這麼做，員工會更健康，工作會更有效率，也不會因爲現代人長壽，憂慮太早退休以後漫長晚年的金錢收入來源。

卡洛斯．史林說這話時是二〇一四年，七十四歲，蟬聯多次《富比士》全球富豪榜的榜首，擁有將近八百億美元身價，超過比爾．蓋茲。他在墨西哥電信已經開始一個計畫，就是讓一批不到二十歲就加入墨西哥電信的資深員工，可以自由選擇在傳統退休年齡（墨西哥電信的退休年齡是五十歲）後，繼續每週上班四天，但同樣領全職薪水。

試想如果從年輕開始，每個禮拜可以工作三天，休假四天，我們就再也沒有藉口說自己爲了工作而放棄對生命美好事物的追求，或是沒有辦法多陪伴家人了。

如果退休以後，可以繼續每個禮拜工作四天，我們就不會擔心退休以後無所事事，或是沒有收入來源。

如果退休前一個禮拜工作三天，退休後可以一個禮拜工作四天，那麼工作與退休之間的界線就變得模糊了。甚至有一天，說不定根本就再也沒有「退休」這個想法，可以一直做自己喜歡的事情、熟練的事情，那不是很棒嗎？

第11種視野工作語錄

人生不能除了工作，
就沒有別的追求了！

對一個什麼都有的人，什麼工作才值得投入？

我的國中國文老師，也是我非常感謝的文學啓蒙師潘萌彬老師，她後來在台北著名的北一女退休，但退休後，還是繼續留在學校教書。跟全職的工作量比較起來，薪水其實少得可憐，一個月只有七千元台幣，扣掉每天的交通費，可能連午餐錢都不夠。但潘老師還是樂此不疲，絲毫沒有要停下來的意思。

還有之前提到在泰國北部的清邁大學，專門給在緬甸工作的NGO工作者、外交官教授緬語特訓課程的歐克爾老師，他是倫敦大學亞非學院東南亞學系的緬語教授，正式退休已經二十多年。但過去五十五年來，他潛心研究與教授緬甸語言跟文學，是全世界這方面幾乎絕無僅有的世界權威，即使已經年過八旬，還在亞非學院繼續擔任兼任教授，專門幫即將派遣緬甸的歐洲外交官做密訓。除了倫敦外，每年會開一次海外的特訓班，有時在西班牙的巴塞隆納，有時在緬甸仰光，這次則在泰國的清邁。與其說這是上課，還不如說是緬甸語的軍事訓練。即使是初學者，第八天開始，就要完全直接讀、寫緬語。

他顯然不是爲了錢而做這份工作的，因爲這個特訓課程的收費不高，只是由學生共同均攤他和助教的機票、食宿費用，還有影印教材的工本費。但是他已經興致勃勃地討論著撰寫新教材，還有如何改進隔年五月在仰光的特訓課程。

是什麼力量，讓潘萌彬老師和歐克爾老師，在退休後仍然這麼樂此不疲？

「那是因爲老師比較有愛心。」或許有人會說。

放眼望去，並不是每個老師都如此。退休後迫不及待脫離教鞭生活的，才是絕大多數。所以我並不相信退而不休是某個行業、或是特別有愛心的人才會有的特定現象。

不到四十歲就從華爾街退休回到台灣的學長阿瑟，當初抱著退休的想法回台灣，不到幾個月後，卻又重出江湖，這回不是爲投資銀行作嫁，而是從零開始自己創業。明明可以一輩子不愁花用的人，爲什麼退休後還投入工作？這傢伙是太傻還是太愛錢？

阿瑟學長是這樣回答我的：

「二〇〇九年初，金融海嘯剛過不久，我的行業十分艱苦，工作壓力也非常大，於是決定退休，帶著家人回到舒適的台北。搬進新家、整頓好生活細節後，忽然開始懷念起市場的脈動，還有以前辛勤工作的種種。那一瞬間，又想到商學院教授當年叮囑的話：『聰明人就應該努力工作，不要枉費了自己的好腦袋。』——這不只包含用腦袋幫自己賺錢，也應該包括在退休後，將自己所學傳承給自己的後輩及學生才對。我當下就確認自己還沒到退休的年紀，開始想還能夠爲社會多做些什麼，帶來一些正面能量。正好那幾年台灣也很不景氣，於是決定自行創業，不但可以提供一些就業機會，也能夠把自己工作多年的所見所聞跟年輕朋友們分享與傳承。」

阿瑟學長繼續說：「所謂『什麼都有』，其實只是一個符合多數人客觀的說法。在多數世人的眼光裡面，我有車有房、衣食無缺、和家人朋友關係都不錯，但還是覺得有更多事情可以做，例如栽培後進、奉獻時間或資源給有意義的活動及團體等等。回顧我在求學與工作的過程，都遇過不少貴人，因此懷著感恩的心情，只要有時間，經濟方面許可，我願意繼續做回饋社會的事情，讓台灣整體的國民水準更加提高。」

「那麼如果反過來說，你覺得一個人要到什麼時候，才知道自己應該放棄一份不喜歡的工作？」我繼續追問。因爲我看到很多爲了錢賣命的人，似乎都要等到過勞中風，失去家人，或自己經歷一場瀕死經驗後，才改變生命觀。

「簡單說來，這不就是『想不開』三個字嗎？」阿瑟學長笑著回答我。「一般說來，第一代的創業者大多有這個毛病，尤其在東方文化裡更爲嚴重。這些創業家或政治領袖通常都覺得組織裡面『沒有我不行』，然而事實上並非如此。西方文化中有一句很不錯的概念：『Nobody is indispensable.』這句話大致上是說：『沒有你，天也不會掉下來。』也因爲如此，西方的商界領袖，無論是創立微軟的比爾．蓋茲，還是股神巴菲特，在自己很健康的時候就已經逐漸退居幕後，尋找接班人。如果能夠看破這一點，那麼大家都應該早點退休，多做一些回饋社會或屬於精神層面的活動，甚至完全享受退休也可以，不必戰死沙場。」

工作當然不是為了準備退休

如果就像墨西哥電信的老闆建議的，未來的職場，一個禮拜工作三天，做到七十五歲，那麼就沒有什麼退休、不退休的分野了。從此就沒有人可以拿著「工作是爲了等退休」當作方便的藉口，當幾十年的行尸走肉，不去面對自己。

如果到了那一天，我們要如何回答自己，工作是爲人生做什麼準備？

出生於瑞士、居住在英國、主持及製作電視節目的英國作家艾倫·狄·波頓（Alain de Botton），在他所倡導的「美德計劃」（The Virtue Project）裡提出他認爲現代世界的十種美德。其實工作職涯，無非就是提供人們一個學習人生的教室，在這間人生學校裡待上足夠的時間，去學會生活需要具備的美德。

這些美德，包括韌性、同理心、耐心、犧牲、禮貌、幽默、自覺、寬容、希望、信心。當然這個清單可以自行量身設計，變得更長或是更短，因爲每個人的個性不同，境遇不同，需要學習的人生功課自然也不會相同。但無論花十年還是五十年，學分修滿以後才能畢業。退休，無非就是一個這樣的結業式。

從學校畢業以後，大部分的人都離開了，卻總有幾個人會留下來做「博士後研究員」，他們是在取得博士學位之後，在大學或科研機構中有限期地專門從事相關研究或深造的人。只有直到那時候，我們才知道誰是眞的爲知識著迷。

因爲他們並沒有必要留下來。像是創立捷安特（GIANT）自行車品牌聞名的巨大董事長劉金標，我們看到他八十歲的生日禮物是騎單車環島十二天挑戰九百六十六公里。平常每天騎自行車從台中市到大甲上班，每天來回要花四小時、全程八十公里，因此確定了他是眞心熱愛著自行車。

發明泡麵的「泡麵之父」安藤百福，一直到九十七歲去世的前一天，還一如往常跟這輩子的每天中午一樣，吃著自己半世紀前發明的雞汁泡麵。旁邊並沒有記者跟隨著拍照，我們因此確定了他這輩子是眞心熱愛著泡麵。

《97歲的好奇心女孩》的作者笹本恆子，一九一四年出生，在二〇一五年已經超過一百歲了，卻還在工作崗位擔任從年輕開始一直不曾中斷的職業攝影記者、報導攝影師。我們確定攝影對她而言，絕對不只是一份餬口的工作。

潘萌彬老師繼續在北一女教國文，歐克爾老師八十多歲了還在計畫下一年的緬語課程，他們都眞心熱愛著教育這件事。

這些對於生命充滿熱情的人，爲我打開了許多的窗口。我看到人生這所學校，工作這一間教室，修業期滿後還能意猶未盡當一個「博士後研究員」的可能性，鼓勵我在工作這條路上，**一直往前進，變成一個眞正懂得享用生命的達人**。

第11種視野工作語錄

我們要如何回答自己，
工作是為人生做什麼準備？

1份工作11種視野
改變你工作命運的絕對工作術

Creatvie074

褚士瑩——著

出版者：大田出版有限公司｜台北市10445中山區中山北路二段26巷2號2樓
E-mail：titan3@ms22.hinet.net ｜ http://www.titan3.com.tw
編輯部專線：（02）25621383 ｜傳真：（02）25818761
如果您對本書或本出版公司有任何意見，歡迎來電

總編輯：莊培園｜副總編輯：蔡鳳儀
執行編輯：陳顗如｜行銷企劃：張家綺 / 高欣妤
內文美術視覺：賴維明
校對：黃薇霓 / 林惠珊
初版：二〇一五年（民104）二月一日 定價：320元
國際書碼：978-986-179-379-5 CIP：177.2/103024751

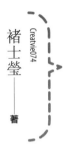

廣　告　回　信
台北郵局登記證
台北廣字第01764號
平　信

To：大田出版有限公司（編輯部）收

台北市 10445 中山區中山北路二段 26 巷 2 號 2 樓

電話：(02) 25621383　傳真：(02) 25818761

E-mail：titan3@ms22.hinet.net

From：地址：

姓名：

＊請沿虛線剪下，對摺裝訂寄回，謝謝！

褚士瑩特別提供

Kachin Fashion克欽邦獨立反抗軍潮衣

※此潮衣是緬甸克欽邦「和平NGO組織」設計的文創商品，讓非營利組織不依賴募款，透過自己設計商品獲得營運資金。胸前的圖案，是他們引以為傲的標誌。詳細內容，請參考本書第88頁。

※ 褚士瑩親自示範 ※

請回答以下兩個問題，寄回讀者回函，就有機會獲得

1. 本書的工作語錄，哪一句讓你印象最深刻？

2. 若可以問一個關於工作的問題，你想問褚士瑩什麼？

注意事項：

1. 每個問題均填妥，才有資格參加抽獎。
2. 請務必填妥個人基本資料。
3. 此潮衣共4款造型，隨機出貨。
4. 此潮衣為One Size，無法挑選尺寸。

活動時間：即日起至3月31日止

得獎公布名單：2015年4月10日

(公佈於大田出版粉絲專頁)

＊請沿虛線剪下，對摺裝訂寄回，謝謝！

讀 者 回 函

你可能是各種年齡、各種職業、各種學校、各種收入的代表，
這些社會身分雖然不重要，但是，我們希望在下一本書中也能找到你。
名字／＿＿＿＿＿＿＿ 性別／□女 □男　出生／＿＿＿＿年＿＿＿月＿＿＿日
教育程度／
職業：□ 學生□ 教師□ 內勤職員□ 家庭主婦 □ SOHO族□ 企業主管
□ 服務業□ 製造業□ 醫藥護理□ 軍警□ 資訊業□ 銷售業務
□ 其他＿＿＿＿＿＿＿＿＿＿＿＿＿＿＿＿＿＿＿＿＿＿＿＿
E-mail／＿＿＿＿＿＿＿＿＿＿＿＿＿＿＿＿ 電話／＿＿＿＿＿＿＿＿＿＿
聯絡地址：
你如何發現這本書的？　書名：1份工作11種視野
□書店閒逛時＿＿＿＿書店 □不小心在網路書店看到（哪一家網路書店？）＿＿＿＿
□朋友的男朋友(女朋友)灑狗血推薦 □大田電子報或編輯病部落格 □大田FB粉絲專頁
□部落格版主推薦＿＿＿＿＿＿＿＿＿＿＿＿＿＿＿＿＿＿＿＿＿＿＿＿＿
□其他各種可能 ，是編輯沒想到的＿＿＿＿＿＿＿＿＿＿＿＿＿＿＿＿＿＿＿
你或許常常愛上新的咖啡廣告、新的偶像明星、新的衣服、新的香水……
但是，你怎麼愛上一本新書的？
□我覺得還滿便宜的啦！ □我被內容感動 □我對本書作者的作品有蒐集癖
□我最喜歡有贈品的書 □老實講「貴出版社」的整體包裝還滿合我意的 □以上皆非
□可能還有其他說法，請告訴我們你的說法
＿＿＿＿＿＿＿＿＿＿＿＿＿＿＿＿＿＿＿＿＿＿＿＿＿＿＿＿＿＿＿＿＿＿＿＿
你一定有不同凡響的閱讀嗜好，請告訴我們：
□哲學 □心理學 □宗教 □自然生態 □流行趨勢 □醫療保健 □ 財經企管□ 史地□ 傳記
□ 文學□ 散文□ 原住民 □ 小說□ 親子叢書□ 休閒旅遊□ 其他＿＿＿＿＿＿＿＿
你對於紙本書以及電子書一起出版時，你會先選擇購買
□ 紙本書□ 電子書□ 其他＿＿＿＿＿＿＿＿＿＿＿＿＿＿＿＿＿＿＿＿＿＿＿＿＿
如果本書出版電子版，你會購買嗎？
□ 會□ 不會□ 其他＿＿＿＿＿＿＿＿＿＿＿＿＿＿＿＿＿＿＿＿＿＿＿＿＿＿
你認為電子書有哪些品項讓你想要購買？
□ 純文學小說□ 輕小說□ 圖文書□ 旅遊資訊□ 心理勵志□ 語言學習□ 美容保養
□ 服裝搭配□ 攝影□ 寵物□ 其他＿＿＿＿＿＿＿＿＿＿＿＿＿＿＿＿＿＿＿
請說出對本書的其他意見：